卞尺丹几乙し丹卞と

Translated Language Learning

The Fisherman and his Soul
मछुआरा और उसकी आत्मा

Oscar Wilde

English / हिंदी

Copyright © 2022 Tranzlaty
All rights reserved.
Published by Tranzlaty
ISBN: 978-1-83566-044-7
Original text by Oscar Wilde
The Fisherman and his Soul
First published in English in 1891
www.tranzlaty.com

The Mermaid
मत्स्यांगना

Every evening the young Fisherman went out to sea
हर शाम युवा मछुआरा समुद्र में चला जाता था।
and the young Fisherman threw his nets into the water
और युवा मछुआरे ने अपना जाल पानी में फेंक दिया।
When the wind blew from the land he caught nothing
जब जमीन से हवा चली तो उसने कुछ नहीं पकड़ा।
or he caught just a few fish at best
या उसने सबसे अच्छी तरह से कुछ ही मछलियों को पकड़ा।
because it was a bitter and black-winged wind
क्योंकि यह एक कड़वी और काले पंख वाली हवा थी।
rough waves rose up to meet the wind from the land
भूमि से हवा का सामना करने के लिए उबड़-खाबड़ लहरें उठीं।
But at other times the wind blew to the shore
लेकिन अन्य समय में हवा किनारे तक उड़ गई।
and then the fishes came in from the deep
और फिर मछलियां गहरे से अंदर आ गईं।
the fishes swam into the meshes of his nets
मछलियां उसके जाल के जाल में तैरती थीं।
and he took the fish to the market-place
और वह मछली को बाजार में ले गया।
and he sold all the fishes that he had caught
और उसने उन सभी मछलियों को बेच दिया जो उसने पकड़ी थीं।

but there was one special evening
लेकिन एक विशेष शाम थी।
the Fisherman's net was heavier than normal
मछुआरे का जाल सामान्य से भारी था।
he could hardly pull his net onto the boat
वह मुश्किल से नाव पर अपना जाल खींच सकता था।

The Fisherman laughed to himself
मछुआरा खुद पर हँसा।

"Surely, I have caught all the fish that swim"
"निश्चित रूप से, मैंने तैरने वाली सभी मछलियों को पकड़ लिया है।

"or I have snared some horrible monster"
"या मैंने कुछ भयानक राक्षस को मार डाला है"

"a monster that will be a marvel to men"
"एक राक्षस जो पुरुषों के लिए एक चमत्कार होगा"

"or it will be a thing of horror"
"या यह डरावनी बात होगी"

"a beast that the great Queen will desire"
"एक जानवर जो महान रानी की इच्छा होगी"

With all his strength he tugged at the coarse ropes
अपनी पूरी ताकत के साथ उसने मोटे रस्सियों को खींचा।

he pulled until the long veins rose up on his arms
उसने तब तक खींचा जब तक कि लंबी नसें उसकी बाहों पर ऊपर नहीं उठीं।

like lines of blue enamel round a vase of bronze
कांस्य के फूलदान के चारों ओर नीले तामचीनी की रेखाओं की तरह

He tugged at the thin ropes of his nets
उसने अपने जाल की पतली रस्सियों को खींचा।

and at last the net rose to the top of the water
और अंत में जाल पानी के शीर्ष तक बढ़ गया।

But there were no fish in his net
लेकिन उसके जाल में कोई मछली नहीं थी।

nor was there a monster or thing of horror
न ही कोई राक्षस या डरावनी चीज थी।

there was only a little Mermaid
वहाँ केवल एक छोटी जलपरी थी।

she was lying fast asleep in his net
वह उसके जाल में गहरी नींद में सोई हुई थी।

Her hair was like a wet foil of gold
उसके बाल सोने की गीली पन्नी की तरह थे।

like golden flakes in a glass of water

एक गिलास पानी में सुनहरे गुच्छे की तरह
Her little body was as white ivory
उसका छोटा सा शरीर सफेद हाथीदांत की तरह था।
and her tail was made of silver and pearl
और उसकी पूंछ चांदी और मोती से बनी थी।
and the green weeds of the sea coiled round her tail
और समुद्र के हरे खरपतवार उसकी पूंछ के चारों ओर कुंडलित थे।
and like sea-shells were her ears
और समुद्र के गोले की तरह उसके कान थे।
and her lips were like sea-coral
और उसके होंठ समुद्री-मूंगे की तरह थे।
The cold waves dashed over her cold breasts
ठंडी लहरों ने उसके ठंडे स्तनों पर पानी फेर दिया।
and the salt glistened upon her eyelids
और नमक उसकी पलकों पर फैल गया।
She was so beautiful that the he was filled with wonder
वह इतनी सुंदर थी कि वह आश्चर्य से भर गया था।
he pulled the net closer to the boat
उसने जाल को नाव के करीब खींच लिया।
leaning over the side, he clasped her in his arms
बगल में झुकते हुए, उसने उसे अपनी बाहों में जकड़ लिया।
She woke, and looked at him in terror
वह जाग गई, और आतंक में उसे देख रही थी।
When he touched her she gave a cry
जब उसने उसे छुआ तो वह रोने लगी।
she cried out like a startled sea-gull
वह एक चौंका देने वाले सी-गल की तरह चिल्लाई।
she looked at him with her mauve-amethyst eyes
उसने उसे अपनी माव-एमेथिस्ट आंखों से देखा।
and she struggled so that she might escape
और उसने संघर्ष किया ताकि वह बच सके
But he held her tightly to him

लेकिन उसने उसे कसकर पकड़ लिया।
and he did not allow her to depart
और उसने उसे जाने की अनुमति नहीं दी।
She wept when she saw she couldn't escape
जब उसने देखा कि वह भाग नहीं सकता तो वह रो पड़ी।
"I pray thee, let me go"
"मैं आपसे प्रार्थना करता हूं, मुझे जाने दें"
"I am the only daughter of a King"
"मैं एक राजा की इकलौती बेटी हूँ"
"please, my father is aged and alone"
"कृपया, मेरे पिता बूढ़े और अकेले हैं"
But the young Fisherman would not let her go
लेकिन युवा मछुआरे ने उसे जाने नहीं दिया।
"I will not let thee go unless you make me a promise"
"मैं तुम्हें तब तक जाने नहीं दूँगा जब तक तुम मुझसे वादा नहीं करते।
"whenever I call thee thou wilt come and sing to me"
"जब भी मैं तुझे पुकारूंगा, तू आकर मेरे लिए गाएगा।
"because your song delights the fishes"
"क्योंकि आपका गीत मछलियों को प्रसन्न करता है"
"they come to listen to the song of the Sea-folk"
"वे सागर-लोक के गीत को सुनने के लिए आते हैं"
"and then my nets shall be full"
"और फिर मेरे जाल भर जाएंगे"
the little mermaid saw that she had no choice
छोटी जलपरी ने देखा कि उसके पास कोई विकल्प नहीं था।
"Would thou truly let me go if I promise this?"
"अगर मैं यह वादा करता हूं तो क्या आप वास्तव में मुझे जाने देंगे?
"In very truth I will let thee go," he premised
"सच तो यह है कि मैं तुम्हें जाने दूँगा," उसने कहा।
So she made him the promise he desired
इसलिए उसने उसे वह वादा दिया जो वह चाहता था।
and she swore to do it by the oath of the Sea-folk

और उसने समुद्र-लोक की शपथ से ऐसा करने की कसम खाई
the young Fisherman loosened his arms from the mermaid
युवा मछुआरे ने जलपरी से अपनी बाहों को ढीला कर दिया।
the little mermaid sank back down into the water
छोटी जलपरी वापस पानी में डूब गई।
and she trembled with a strange kind of fear
और वह एक अजीब तरह के डर से कांप रही थी।

Every evening the young Fisherman went out upon the sea
हर शाम युवा मछुआरा समुद्र में निकल ता था।
and every evening he called out to the mermaid
और हर शाम वह जलपरी को पुकारता था।
the mermaid rose out of the water and sang to him
जलपरी पानी से बाहर निकली और उसके लिए गाना गाया।
Round and round her swam the dolphins
गोल-गोल उसने डॉल्फ़िन को तैरते हुए देखा।
and the wild gulls flew above her head
और जंगली गल्स उसके सिर के ऊपर उड़ गए।
she sang a marvellous song of the Sea-folk
उसने सागर-लोक का एक अद्भुत गीत गाया
mermen who drive their flocks from cave to cave
मर्मेन जो अपने झुंड को गुफा से गुफा तक ले जाते हैं
mermen who carry the little calves on their shoulders
मर्मेन जो छोटे बछड़ों को अपने कंधों पर ले जाते हैं
she sang of the Tritons who have long green beards
उसने ट्राइटन के बारे में गाया जिनके पास लंबी हरी दाढ़ी है।
and she sang of the Triton's hairy chests
और उसने ट्राइटन की बालों वाली छाती के बारे में गाया।
they blow through twisted conchs when the King passes
जब राजा गुजरता है तो वे मुड़े हुए शंख बजाते हैं
she sang of the palace of the King
उसने राजा के महल के बारे में गाया।

the palace which is made entirely of amber
महल जो पूरी तरह से एम्बर से बना है
the palace has a roof of clear emerald
महल में स्पष्ट पन्ना की छत है।
and it has a pavement of bright pearl
और इसमें चमकीले मोती का फुटपाथ है।
and she sang of the gardens of the sea
और उसने समुद्र के बगीचों के बारे में गाया।
gardens where great fans of coral wave all day long
बगीचे जहां पूरे दिन कोरल लहर के महान प्रशंसक
and fish dart about like silver birds
और मछली चांदी के पक्षियों की तरह डार्ट करती है।
and the anemones cling to the rocks
और एनीमोन चट्टानों से चिपक जाते हैं
She sang of the big whales that come from the north
उसने उत्तर से आने वाली बड़ी व्हेल ों के बारे में गाया।
they have sharp icicles hanging from their fins
उनके पंख से तेज आइसिकल्स लटक रहे हैं।
she sang of the Sirens who tell of wonderful things
उसने साइरन के बारे में गाया जो अद्भुत चीजों के बारे में बताते हैं।
so wonderful that merchants block their ears with wax
इतना अद्भुत कि व्यापारी मोम के साथ अपने कानों को अवरुद्ध करते हैं।
they block their ears so that they can not hear them
वे अपने कान बंद कर लेते हैं ताकि वे उन्हें सुन न सकें।
because if they heard them they would leap into the water
क्योंकि अगर उन्होंने उन्हें सुना तो वे पानी में कूद जाएंगे।
and they would be drowned in the sea
और वे समुद्र में डूब जाएंगे।
she sang of the sunken galleys with their tall masts
उसने अपने लंबे मस्तूलों के साथ डूबी हुई गलियों के बारे में गाया।
she sang of the frozen sailors clinging to the rigging
उसने धांधली से चिपके जमे हुए नाविकों के बारे में गाया।
she sang the mackerel swimming through shipwrecks

उसने जहाज के मलबे के माध्यम से तैरते हुए मैकेरल गाया।
she sang of the little barnacles travelling the world
उसने दुनिया भर में यात्रा करने वाले छोटे बार्नेकल ◌्स के बारे में गाया।
the barnacles cling to the keels of the ships
बार्नेकल जहाजों की कील से चिपके रहते हैं।
and the ships go round and round the world
और जहाज दुनिया भर में घूमते हैं
and she sang of the cuttlefish in the sides of the cliffs
और उसने चट्टानों के किनारों में कटलफिश के बारे में गाया।
and they stretch out their long black arms
और वे अपनी लंबी काली बाहों को फैलाते हैं।
they can make night come when they will it
वे रात बना सकते हैं जब वे चाहते हैं।
She sang of the nautilus, who has a boat of her own
उसने नॉटिलस के बारे में गाया, जिसके पास अपनी खुद की एक नाव है।
a boat that is carved out of an opal
एक नाव जो एक ओपल से बनाई गई है
and the boat is steered with a silken sail
और नाव को एक रेशमी पाल के साथ चलाया जाता है।
she sang of the happy Mermen who play upon harps
उसने खुश मर्मेन के बारे में गाया जो वीणा पर खेलते हैं।
they can charm the great Kraken to sleep
वे महान क्रैकन को सोने के लिए आकर्षित कर सकते हैं।
she sang of the little children riding the porpoises
वह छोटे बच्चों के बारे में गाती थी जो पोरपोइज़ की सवारी करते थे।
the little children laugh as the ride the porpoises
छोटे बच्चे मछली की सवारी करते हुए हंसते हैं।
she sang of the Mermaids who lie in the white foam
उसने उन जलपरियों के बारे में गाया जो सफेद फोम में लेटे हुए हैं।
and they hold out their arms to the mariners
और वे नाविकों के लिए अपनी बाहों को पकड़ते हैं।
she sang of the sea-lions with their curved tusks

वह अपने घुमावदार दांतों के साथ समुद्री शेरों के बारे में गाती थी।
and she sang of the sea-horses with their floating manes
और उसने समुद्र-घोड़ों के बारे में उनके तैरते हुए आदमियों के साथ गाया।
When she sang the fishes came from the sea
जब उसने गाया तो मछलियां समुद्र से आईं
the fish came to listen to her
मछली उसे सुनने के लिए आई थी।
the young Fisherman threw his nets round them
युवा मछुआरे ने उनके चारों ओर अपना जाल फेंक दिया।
and he caught as many fish as he needed
और उसने उतनी ही मछलियां पकड़ीं जितनी उसे चाहिए थीं।

when his boat was full the Mermaid sunk back down
जब उसकी नाव भर गई तो जलपरी वापस नीचे डूब गई।
she went back down into the sea smiling at him
वह उसे देखकर मुस्कुराती हुई वापस समुद्र में चली गई।
She never got close enough for him to touch her
वह कभी इतने करीब नहीं पहुंची कि वह उसे छू सके।
Often times he called to the little mermaid
अक्सर वह छोटी जलपरी को बुलाता था।
and he begged to her to come closer to him
और उसने उससे विनती की कि वह उसके करीब आए।
but she dared not come closer to him
लेकिन उसने उसके करीब आने की हिम्मत नहीं की।
when he tried to catch her she dived into the water
जब उसने उसे पकड़ने की कोशिश की तो उसने पानी में डुबकी लगाई।
just like when a seal dives into the sea
ठीक वैसे ही जैसे जब एक सील समुद्र में गोता लगाती है।
and he wouldn't see her again that day
और वह उस दिन उसे फिर से नहीं देखेगा।

each day her voice became sweeter to his ears
हर दिन उसकी आवाज़ उसके कानों में मीठी होती जा रही थी।
Her voice so sweet that he forgot his nets
उसकी आवाज़ इतनी मीठी थी कि वह अपने जाल भूल गया।
and he forgot his cunning and his craft
और वह अपनी चालाकी और अपने शिल्प को भूल गया।
The tuna went past him in large shoals
ट्यूना बड़े-बड़े झुरमुट ों में उसके पास से निकल गई।
but he didn't pay any attention to them
लेकिन उन्होंने उन पर कोई ध्यान नहीं दिया।
His spear lay by his side, unused
उसका भाला उसके बगल में पड़ा था, अप्रयुक्त था।
and his baskets of plaited osier were empty
और उसकी टोकरी खाली थी।
With lips parted, he sat idle in his boat
होंठ ों को अलग करके, वह अपनी नाव में बेकार बैठ गया।
he listened to the songs of the mermaid
उसने जलपरी के गीत सुने।
and his eyes were dim with wonder
और उसकी आँखें आश्चर्य से मंद थीं।
he listened till the sea-mists crept round him
वह तब तक सुनता रहा जब तक कि समुद्र-धुंध उसके चारों ओर नहीं आ गई।
the wandering moon stained his brown limbs with silver
भटकते हुए चंद्रमा ने अपने भूरे अंगों को चांदी से दाग दिया।

One evening he called to the mermaid
एक शाम उसने जलपरी को बुलाया।
"Little Mermaid, I love thee," he professed
"छोटी जलपरी, मैं तुमसे प्यार करता हूँ," उसने दावा किया।
"Take me for thy bridegroom, for I love thee"
"मुझे अपने दूल्हे के लिए ले जाओ, क्योंकि मैं तुमसे प्यार करता हूं।

But the mermaid shook her head
लेकिन जलपरी ने अपना सिर हिला दिया।

"Thou hast a human Soul," she answered
"आपके पास एक मानव आत्मा है," उसने जवाब दिया।

"If only thou would send away thy Soul"
"काश तुम अपनी आत्मा को दूर भेज ते"

"if thy sent thy Soul away I could love thee"
"यदि तुम्हारी आत्मा को दूर भेज दिया जाता तो मैं तुमसे प्यार कर सकता था।

And the young Fisherman said to himself
" और युवा मछुआरे ने खुद से कहा।

"of what use is my Soul to me?"
"मेरी आत्मा मेरे लिए किस काम की है?

"I cannot see my Soul"
"मैं अपनी आत्मा को नहीं देख सकता"

"I cannot touch my Soul"
"मैं अपनी आत्मा को छू नहीं सकता"

"I do not know my Soul"
"मैं अपनी आत्मा को नहीं जानता"

"I will send my Soul away from me"
"मैं अपनी आत्मा को मुझसे दूर भेज दूँगा"

"and much gladness shall be mine"
"और बहुत खुशी मेरी होगी"

And a cry of joy broke from his lips
और उसके होंठों से खुशी का रोना फूट पड़ा।

he held out his arms to the Mermaid
उसने जलपरी को अपनी बाहें फैला दीं।

"I will send my Soul away," he cried
"मैं अपनी आत्मा को दूर भेज दूँगा," वह चिल्लाया।

"you shall be my bride, and I will be thy bridegroom"
"तुम मेरी दुल्हन बनोगी, और मैं तुम्हारा दूल्हा बनूँगा।

"in the depth of the sea we will dwell together"

"समुद्र की गहराई में हम एक साथ रहेंगे"
"all that thou hast sung of thou shalt show me"
"जो कुछ तू ने तेरे लिये गाया है वह सब मुझे दिखाएगा।
"and all that thou desirest I will do for you"
"और जो कुछ तुम चाहते हो वह मैं तुम्हारे लिए करूँगा।
"our lives will not be divided no longer"
"हमारा जीवन अब विभाजित नहीं होगा"
the little Mermaid laughed, full of delight
छोटी जलपरी हँसपड़ी, खुशी से भरी हुई।
and she hid her face in her hands
और उसने अपना चेहरा अपने हाथों में छिपा लिया।
but the Fisherman didn't know how to send his Soul away
लेकिन मछुआरे को नहीं पता था कि अपनी आत्मा को कैसे दूर भेजा जाए।
"how shall I send my Soul from me?"
"मैं अपनी आत्मा को मेरे पास से कैसे भेजूँ?
"Tell me how I can do it"
"मुझे बताओ कि मैं यह कैसे कर सकता हूं"
"tell me how and it shall be done"
"मुझे बताओ कि यह कैसे और कैसे किया जाएगा"
"Alas! I know not" said the little Mermaid
"काश! मुझे नहीं पता," छोटी जलपरी ने कहा।
"the Sea-folk have no Souls"
"समुद्र-लोक में कोई आत्मा नहीं है"
And she sank down into the sea
और वह समुद्र में डूब गया।
and she looked up at him wistfully
और उसने उत्सुकता से उसकी ओर देखा।

The Priest
पुरोहित

Early on the next morning
अगली सुबह जल्दी।

before the sun was above the hills
इससे पहले कि सूरज पहाड़ियों के ऊपर था

the young Fisherman went to the house of the Priest
युवा मछुआरा पुजारी के घर गया।

he knocked three times at the Priest's door
उसने पुजारी के दरवाजे पर तीन बार दस्तक दी।

The Priest looked out through the door
पुजारी ने दरवाजे से बाहर देखा।

when he saw who it was he drew back the latch
जब उसने देखा कि यह कौन था तो उसने कुंडी वापस खींच ली।

and he welcomed the young Fisherman into his house
और उसने अपने घर में युवा मछुआरे का स्वागत किया।

he knelt down on the sweet-smelling rushes of the floor
उसने फर्श की मीठी-महक वाली लहरों पर घुटने टेक दिए।

and he cried to the Priest, "Father"
और उसने याजक से कहा, "पिताजी"

"I am in love with one of the Sea-folk"
"मैं सी-फोक में से एक के साथ प्यार में हूँ"

"and my Soul hindereth me from having my desire"
"और मेरी आत्मा मुझे मेरी इच्छा रखने से रोकती है।

"Tell me, how I can send my Soul away from me?"
"मुझे बताओ, मैं अपनी आत्मा को मुझसे दूर कैसे भेज सकता हूं?

"I truly have no need of it"
"मुझे वास्तव में इसकी कोई ज़रूरत नहीं है"

"of what use is my Soul to me?"
"मेरी आत्मा मेरे लिए किस काम की है?

"I cannot see my Soul"
"मैं अपनी आत्मा को नहीं देख सकता"

"I cannot touch my Soul"
"मैं अपनी आत्मा को छू नहीं सकता"
"I do not know my Soul"
"मैं अपनी आत्मा को नहीं जानता"
And the Priest beat his chest
और पुजारी ने अपनी छाती को पीटा
and he answered, "thou art mad"
उसने उत्तर दिया, "तू पागल है।
"perhaps you have eaten poisonous herbs!"
"शायद आपने जहरीली जड़ी बूटियों को खा लिया है!
"the Soul is the noblest part of man"
"आत्मा मनुष्य का सबसे महान हिस्सा है"
"and the Soul was given to us by God"
"और आत्मा हमें भगवान द्वारा दी गई थी"
"so that we nobly use our Soul"
"ताकि हम अपनी आत्मा का उपयोग न करें"
"There is no thing more precious than a human Soul"
"मानव आत्मा से अधिक कीमती कोई चीज नहीं है।
"It is worth all the gold that is in the world"
"यह दुनिया में मौजूद सभी सोने के लायक है"
"it is more precious than the rubies of the kings"
"यह राजाओं के रूबी से अधिक कीमती है"
"Think not any more of this matter, my son"
"इस मामले के बारे में और मत सोचो, मेरे बेटे।
"because it is a sin that may not be forgiven"
"क्योंकि यह एक पाप है जिसे क्षमा नहीं किया जा सकता है।
"And as for the Sea-folk, they are lost"
"और सागर-लोक के लिए, वे खो गए हैं"
"and those who live with them are also lost"
"और जो उनके साथ रहते हैं वे भी खो जाते हैं।
"They are like the beasts of the field"
"वे मैदान के जानवरों की तरह हैं"
"the beasts that don't know good from evil"

"जानवर जो बुराई से अच्छाई नहीं जानते"
"the Lord has not died for their sake"
"प्रभु उनके लिए नहीं मरा"

he heard the bitter words of the Priest
उसने पुजारी के कड़वे शब्दों को सुना।
the young Fisherman's eyes filled with tears
युवा मछुआरे की आँखें आँसू से भर आईं।
he rose up from his knees and spoke, "Father"
वह अपने घुटनों से उठा और बोला, "पिताजी"
"the fauns live in the forest, and they are glad"
"फाउन जंगल में रहते हैं, और वे खुश हैं"
"on the rocks sit the Mermen with their harps of gold"
"चट्टानों पर मर्मेन सोने की वीणा के साथ बैठते हैं"
"Let me be as they are, I beseech thee"
"मुझे वैसा ही रहने दो जैसा वे हैं, मैं तुमसे विनती करता हूं।
"their days are like the days of flowers"
"उनके दिन फूलों के दिनों की तरह हैं।
"And, as for my Soul," the young Fisherman continued
"और, मेरी आत्मा के लिए," युवा मछुआरे ने जारी रखा।
what doth my Soul profit me?"
मेरी आत्मा मुझे क्या लाभ देती है?
"how is it good if it stands between what I love?"
"यह कैसे अच्छा है अगर यह उस चीज़ के बीच खड़ा है जिसे मैं प्यार करता हूं?
"The love of the body is vile" cried the Priest
"शरीर का प्यार नीच है," पुजारी चिल्लाया।
"and vile and evil are the pagan things"
"और नीच और बुराई मूर्तिपूजक चीजें हैं"
"Accursed be the fauns of the woodland"
"वुडलैंड के फाउन्स शापित हों"
"and accursed be the singers of the sea!"

"और समुद्र के गायकों को शापित किया जाए!
"I have heard them at night-time"
"मैंने उन्हें रात के समय सुना है"
"they have tried to lure me from my bible"
"उन्होंने मुझे मेरी बाइबल से लुभाने की कोशिश की है"
"They tap at the window, and laugh"
"वे खिड़की पर टैप करते हैं, और हंसते हैं"
"They whisper into my ears at night"
"वे रात में मेरे कानों में फुसफुसाते हैं"
"they tell me tales of their perilous joys"
"वे मुझे अपनी खतरनाक खुशियों की कहानियां सुनाते हैं"
"They try to tempt me with temptations"
"वे मुझे प्रलोभन ों के साथ लुभाने की कोशिश करते हैं"
"and when I try to pray they mock me"
"और जब मैं प्रार्थना करने की कोशिश करता हूं तो वे मेरा मजाक उड़ाते हैं।
"The mer-folk are lost, I tell thee"
"मेर-लोक खो गए हैं, मैं आपको बताता हूं"
"For them there is no heaven, nor hell"
"उनके लिए कोई स्वर्ग नहीं है, न ही नरक है।
"and they shall never praise God's name"
"और वे कभी भी परमेश्वर के नाम की स्तुति नहीं करेंगे।
"Father," cried the young Fisherman
"पिताजी," युवा मछुआरा चिल्लाया।
"thou knowest not what thou sayest"
"तुम नहीं जानते कि तुम क्या कहते हो।
"Once in my net I snared the daughter of a King"
"एक बार अपने जाल में मैंने एक राजा की बेटी को डांटा"
"She is fairer than the morning star"
"वह सुबह के सितारे की तुलना में गोरी है"
"and she is whiter than the moon"
"और वह चंद्रमा से अधिक सफेद है"
"For her body I would give my Soul"

"उसके शरीर के लिए मैं अपनी आत्मा दे दूंगा।
"and for her love I would surrender heaven"
"और उसके प्यार के लिए मैं स्वर्ग को आत्मसमर्पण कर दूँगा।
"Tell me what I ask of thee"
"मुझे बताओ कि मैं तुमसे क्या मांगता हूं"
"Father I implore thee, let me go in peace"
"हे पिता, मैं तुझसे बिनती करता हूँ, मुझे शांति से जाने दो"
"Get away from me! Away!" cried the Priest
"मुझसे दूर हो जाओ! चले जाओ!" पुजारी चिल्लाया।
"thy lover is lost, and thou shalt be lost with her"
"तुम्हारा प्रेमी खो गया है, और तुम उसके साथ खो जाओगे।
the Priest gave him no blessing
पुजारी ने उसे कोई आशीर्वाद नहीं दिया।
and he drove him from his door
और उसने उसे अपने दरवाजे से हटा दिया।

the young Fisherman went down into the market-place
युवा मछुआरा बाजार में उतर गया।
he walked slowly with his head bowed
वह सिर झुकाए धीरे-धीरे चल रहा था।
he walked like one who is in sorrow
वह उस व्यक्ति की तरह चलता था जो दुःख में है।
the merchants saw the young Fisherman coming
व्यापारियों ने युवा मछुआरे को आते देखा।
and the merchants whispered to each other
और व्यापारी एक-दूसरे से फुसफुसाए।
one of the merchants came forth to meet him
व्यापारियों में से एक उससे मिलने के लिए आगे आया।
and he called him by his name
और उसने उसे उसके नाम से पुकारा।
"What hast thou to sell?" he asked him
"तुम्हारे पास बेचने के लिए क्या है?" उसने उससे पूछा।

"I will sell thee my Soul," he answered
"मैं तुम्हें अपनी आत्मा बेच दूँगा," उसने जवाब दिया।
"I pray thee buy my Soul off me"
"मैं प्रार्थना करता हूं कि आप मेरी आत्मा को मुझसे खरीद लें।
"because I am weary of it"
"क्योंकि मैं इससे थक गया हूँ"
"of what use is my Soul to me?"
"मेरी आत्मा मेरे लिए किस काम की है?
"I cannot see my Soul"
"मैं अपनी आत्मा को नहीं देख सकता"
"I cannot touch my Soul"
"मैं अपनी आत्मा को छू नहीं सकता"
"I do not know my Soul"
"मैं अपनी आत्मा को नहीं जानता"
But the merchants only mocked him
लेकिन व्यापारियों ने केवल उसका मजाक उड़ाया।
"Of what use is a man's Soul to us?"
"एक आदमी की आत्मा हमारे लिए किस काम की है?
"It is not worth a piece of silver"
"यह चांदी के एक टुकड़े के लायक नहीं है"
"Sell us thy body for slavery"
"गुलामी के लिए हमें अपना शरीर बेच दो"
"and we will clothe thee in sea-purple"
"और हम तुम्हें समुद्र-बैंगनी रंग में कपड़े पहनाएंगे"
"and we'll put a ring upon thy finger"
"और हम तुम्हारी उंगली पर एक अंगूठी डाल देंगे"
"and we'll make thee the minion of the great Queen"
"और हम तुम्हें महान रानी का मिनीन बना देंगे"
"but don't talk of the Soul to us"
"लेकिन हमसे आत्मा की बात मत करो।
"because for us a Soul is of no use"
"क्योंकि हमारे लिए आत्मा किसी काम की नहीं है।
And the young Fisherman thought to himself

और युवा मछुआरे ने मन ही मन सोचा।
"How strange a thing this is!"
"यह कितनी अजीब बात है!
"The Priest told me the value of the Soul"
"पुजारी ने मुझे आत्मा का मूल्य बताया"
"the Soul is worth all the gold in the world"
"आत्मा दुनिया के सभी सोने के लायक है"
"but the merchants say a different thing"
"लेकिन व्यापारी एक अलग बात कहते हैं"
"the Soul is not worth a piece of silver"
"आत्मा चांदी के एक टुकड़े के लायक नहीं है"
And he went out of the market-place
और वह बाजार-स्थान से बाहर चला गया।
and he went down to the shore of the sea
और वह समुद्र के किनारे चला गया।
and he began to ponder on what he should do
और उसने विचार करना शुरू कर दिया कि उसे क्या करना चाहिए।

The Witch
चुड़ैल

At noon he remembered one of his friends
दोपहर को उसे अपने एक मित्र की याद आई।
his friend was a gatherer of samphire
उसका दोस्त संफीयर का एक संग्रहकर्ता था।
he had told him of a young Witch
उसने उसे एक युवा के बारे में बताया था।
this young Witch dwelt in a nearby cave
यह युवा पास की एक गुफा में रहती थी।
and she was very cunning in her Witcheries
और वह अपनी चुड़ैलों में बहुत चालाक थी।
the young Fisherman stood up and ran to the cave
युवा मछुआरा खड़ा हुआ और गुफा की ओर भागा।

By the itching of her palm she knew he was coming
उसकी हथेली की खुजली से उसे पता था कि वह आ रहा है।
and she laughed, and let down her red hair
और वह हँसे, और अपने लाल बालों को नीचे छोड़ दिया।
She stood at the opening of the cave
वह गुफा के उद्घाटन पर खड़ी थी।
her long red hair flowed around her
उसके लंबे लाल बाल उसके चारों ओर बह रहे थे।
and in her hand she had a spray of wild hemlock
और उसके हाथ में जंगली हेमलॉक का स्प्रे था।
"What do you lack?" she asked, as he came
"तुम्हारे पास क्या कमी है?" उसने आते ही पूछा।
he was panting when got to her
जब वह उसके पास पहुंचा तो वह हांफ रहा था।
and he bent down before her
और वह उसके सामने झुक गया।
"Do you want fish for when there is no wind?"

"क्या आप मछली चाहते हैं जब हवा नहीं होती है?
"I have a little reed-pipe"
"मेरे पास एक छोटा रीड-पाइप है"
"when I blow it the mullet come into the bay"
"जब मैं इसे उड़ाता हूं तो मुलेट खाड़ी में आता है"
"But it has a price, pretty boy"
"लेकिन इसकी एक कीमत है, सुंदर लड़का"
"What do you lack?"
"तुममें क्या कमी है?

"Do you want a storm to wreck the ships?"
"क्या आप जहाजों को बर्बाद करने के लिए एक तूफान चाहते हैं?
"It will wash the chests of rich treasure ashore"
"यह तट पर समृद्ध खजाने की छाती धो देगा"
"I have more storms than the wind"
"मेरे पास हवा की तुलना में अधिक तूफान हैं"
"I serve one who is stronger than the wind"
"मैं उस व्यक्ति की सेवा करता हूं जो हवा से अधिक मजबूत है।
"I can send the great galleys to the bottom of the sea"
"मैं समुद्र के तल पर महान गैली भेज सकता हूं"
"with a sieve and a pail of water"
"छलनी और पानी के एक पेल के साथ"
"But I have a price, pretty boy"
"लेकिन मेरे पास एक कीमत है, सुंदर लड़का"
"What do you lack?"
"तुममें क्या कमी है?

"I know a flower that grows in the valley"
"मैं एक फूल को जानता हूं जो घाटी में उगता है"
"no one knows of this flower, but I"
"कोई भी इस फूल के बारे में नहीं जानता, लेकिन मैं"
"this secret flower has purple leaves"

"इस गुप्त फूल में बैंगनी पत्ते हैं"
"and in the heart of the flower is a star"
"और फूल के दिल में एक सितारा है"
"and its juice is as white as milk"
"और इसका रस दूध की तरह सफेद है"
"touch the lips of the Queen with it"
"इसके साथ रानी के होंठों को स्पर्श करें"
"and she will follow thee all over the world"
"और वह सारी दुनिया में तेरा अनुसरण करेगी।
"Out of the bed of the King she would rise"
"वह राजा के बिस्तर से उठ जाएगी।
"and over the whole world she would follow thee"
"और पूरी दुनिया में वह तुम्हारा अनुसरण करेगी।
"But it has a price, pretty boy"
"लेकिन इसकी एक कीमत है, सुंदर लड़का"
"What do you lack?"
"तुममें क्या कमी है?

"I can pound a toad in a mortar"
"मैं मोर्टार में एक टॉड पाउंड कर सकता हूं"
"and I can make broth of the toad"
"और मैं टॉड का शोरबा बना सकता हूं"
"stir the broth with a dead man's hand"
"एक मृत व्यक्ति के हाथ से शोरबा हिलाओ"
"Sprinkle it on thine enemy while he sleeps"
"सोते समय इसे अपने दुश्मन पर छिड़कें"
"and he will turn into a black viper"
"और वह एक ब्लैक वाइपर में बदल जाएगा"
"and his own mother will slay him"
"और उसकी अपनी माँ उसे मार डालेगी"
"With a wheel I can draw the Moon from heaven"
"एक पहिया के साथ मैं चंद्रमा को स्वर्ग से खींच सकता हूं"

"and in a crystal I can show thee Death"
"और एक क्रिस्टल में मैं तुम्हें मौत दिखा सकता हूं"
"What do you lack?"
"तुममें क्या कमी है?
"Tell me thy desire and I will give it to you"
"मुझे अपनी इच्छा बताओ और मैं इसे तुम्हें दे दूँगा।
"and thou shalt pay me a price, pretty boy"
"और तुम मुझे एक कीमत चुकाओगे, सुंदर लड़का।

"My desire is but for a little thing"
"मेरी इच्छा बस एक छोटी सी चीज के लिए है"
"yet the Priest was angry with me"
"फिर भी पुजारी मुझसे नाराज था"
"and he chased me away in anger"
"और उसने गुस्से में मुझे भगा दिया"
"My wish is but for a little thing"
"मेरी इच्छा बस एक छोटी सी चीज के लिए है"
"yet the merchants have mocked me"
"फिर भी व्यापारियों ने मेरा मजाक उड़ाया है"
"and they denied me my wish"
"और उन्होंने मुझे मेरी इच्छा से इनकार कर दिया"
"Therefore have I come to thee"
"इसलिए मैं तेरे पास आया हूँ"
"I came although men call thee evil"
"मैं आया था हालांकि लोग तुम्हें बुरा कहते हैं"
"but whatever thy price is I shall pay it"
"लेकिन तुम्हारी जो भी कीमत है, मैं उसे चुकाऊंगा।
"What would'st thou?" asked the Witch
"तुम क्या करोगे?" ने पूछा।
and she came near to the Fisherman
और वह मछुआरे के करीब आ गई।
"I wish to send my Soul away from me"

"मैं अपनी आत्मा को मुझसे दूर भेजना चाहता हूं"
The Witch grew pale, and shuddered
पीली हो गई, और कांप गई।
and she hid her face in her blue mantle
और उसने अपने चेहरे को अपने नीले आवरण में छिपा दिया।
"Pretty boy, that is a terrible thing to do"
"सुंदर लड़का, यह करने के लिए एक भयानक बात है"
He tossed his brown curls and laughed
उसने अपने भूरे घुंघराले उछाले और हँसे।
"My Soul is nought to me" he answered
"मेरी आत्मा मेरे लिए पवित्र है," उसने जवाब दिया।
"I cannot see my Soul"
"मैं अपनी आत्मा को नहीं देख सकता"
"I cannot touch my Soul"
"मैं अपनी आत्मा को छू नहीं सकता"
"I do not know my Soul"
"मैं अपनी आत्मा को नहीं जानता"
the young Witch saw an opportunity
युवा ने एक अवसर देखा।
"What would thou give me if I tell thee?"
"अगर मैं तुम्हें बताऊँ तो तुम मुझे क्या दोगे?
and she looked down at him with her beautiful eyes
और उसने अपनी सुंदर आँखों से उसे नीचे देखा।
"I will give thee five pieces of gold" he said
"मैं तुम्हें सोने के पांच टुकड़े दूँगा," उसने कहा।
"and I will give thee my nets for fishing"
"और मैं तुम्हें मछली पकड़ने के लिए अपना जाल दूँगा"
"and I will give thee the house where I live"
"और मैं तुम्हें वह घर दूँगा जहाँ मैं रहता हूँ।
"and you can have my boat"
"और आप मेरी नाव ले सकते हैं"
"I will give thee all that I possess"

"मैं तुम्हें वह सब दूँगा जो मेरे पास है।
"Tell me how to get rid of my Soul"
"मुझे बताओ कि मेरी आत्मा से कैसे छुटकारा पाएं"
She laughed mockingly at him
वह उस पर मजाक उड़ाते हुए हँसे।
and she struck him with the spray of hemlock
और उसने उसे हेमलॉक के स्प्रे से मारा
"I can turn the autumn leaves into gold"
"मैं शरद ऋतु के पत्तों को सोने में बदल सकता हूं"
"and I can weave the pale moonbeams into silver"
"और मैं पीली चाँद की किरणों को चांदी में बुन सकता हूँ"
"He whom I serve is richer than all kings"
"जिसकी मैं सेवा करता हूँ वह सभी राजाओं से अधिक धनी है।
"thy price be neither gold nor silver," he confirmed
"आपकी कीमत न तो सोना और न ही चांदी होगी," उन्होंने पुष्टि की।
"What then shall I give thee if?"
"तो मैं तुम्हें क्या दूँ?
"The Witch stroked his hair with her thin white hand"
"ने अपने पतले सफेद हाथ से अपने बालों को थपथपाया"
"Thou must dance with me, pretty boy," she murmured
"तुम्हें मेरे साथ नृत्य करना चाहिए, सुंदर लड़का," वह बड़बड़ाई।
and she smiled at him as she spoke
और वह बोलते-बोलते उस पर मुस्कुराई।
"Nothing but that?" cried the young Fisherman
"इसके अलावा कुछ नहीं?" युवा मछुआरा चिल्लाया।
and he wondered why she didn't ask for more
और वह सोच रहा था कि उसने और अधिक क्यों नहीं मांगा।
"Nothing but that" she answered
"इसके अलावा कुछ नहीं," उसने जवाब दिया।
and she smiled at him again
और वह फिर से उस पर मुस्कुराया।
"Then at sunset we shall dance together"

"फिर सूर्यास्त के समय हम एक साथ नृत्य करेंगे"
"And after we have danced thou shalt tell me"
"और हमारे नृत्य करने के बाद तुम मुझे बताओगे।
"The thing which I desire to know"
"वह बात जो मैं जानना चाहता हूं"
the young Witch shook her head
युवा ने अपना सिर हिला दिया।
"When the moon is full" she muttered
"जब चंद्रमा भरा होता है," वह बुदबुदाया।
Then she peered all round, and listened
फिर उसने चारों ओर देखा, और सुना।
A blue bird rose screaming from its nest
एक नीला पक्षी अपने घोंसले से चिल्लाता हुआ उठा।
and the blue bird circled over the dunes
और नीले रंग का पक्षी टीलों के ऊपर चक्कर लगा रहा था।
and three spotted birds rustled in the grass
और तीन चित्तीदार पक्षी घास में जंग खा गए।
and the birds whistled to each other
और पक्षी एक-दूसरे से सीटी बजाते थे।
There was no other sound except for the sound of a wave
एक लहर की आवाज के अलावा कोई और आवाज नहीं थी।
the wave was crushing pebbles
लहर कंकड़ ोंं को कुचल रही थी।
So she reached out her hand
तो उसने अपना हाथ आगे बढ़ाया।
and she drew him near to her
और उसने उसे अपने करीब खींच लिया।
and she put her dry lips close to his ear
और उसने अपने सूखे होंठ उसके कान के करीब रख दिए।
"Tonight thou must come to the top of the mountain"
"आज रात तुम्हें पहाड़ की चोटी पर आना है।
"It is a Sabbath, and He will be there"

"यह सब्त का दिन है, और वह वहाँ होगा।

The young Fisherman was startled by what she said
युवा मछुआरा उसकी बात से हैरान था।

she showed him her white teeth and laughed
उसने उसे अपने सफेद दांत दिखाए और हँसने लगी।

"Who is He of whom thou speakest?"
"वह कौन है जिसके बारे में तुम बात करते हो?

"It matters not," she answered
"इससे कोई फर्क नहीं पड़ता," उसने जवाब दिया।

"Go there tonight," she told him
"आज रात वहाँ जाओ," उसने उससे कहा।

"wait for me under the branches of the hornbeam"
"हॉर्नबीम की शाखाओं के नीचे मेरा इंतजार करें"

"If a black dog runs towards thee don't panic"
"अगर एक काला कुत्ता आपकी ओर दौड़ता है तो घबराओ मत"

"strike the dog with willow and it will go away"
"कुत्ते को विलो से मारो और यह दूर हो जाएगा"

"If an owl speaks to thee don't answer it"
"अगर कोई उल्लू तुमसे बात करता है, तो उसका जवाब न दें।

"When the moon is full I shall be with thee"
"जब चंद्रमा पूरा हो जाएगा तो मैं तुम्हारे साथ रहूंगा।

"and we will dance together on the grass"
"और हम घास पर एक साथ नृत्य करेंगे"

the young Fisherman agreed to do as she said
युवा मछुआरा ऐसा करने के लिए सहमत हो गया जैसा उसने कहा था।

"But do you swear to tell me how to send my Soul away?"
"लेकिन क्या आप मुझे यह बताने की कसम खाते हैं कि मेरी आत्मा को कैसे दूर भेजा जाए?

She moved out into the sunlight
वह सूरज की रोशनी में बाहर चला गया।

and the wind rippled through her red hair
और हवा उसके लाल बालों के माध्यम से फैल गई।

"By the hoofs of the goat I swear it"
"बकरी के खुर से मैं इसकी कसम खाता हूं"
"Thou art the best of the Witches" cried the young Fisherman
"तुम चुड़ैलों में सबसे अच्छे हो," युवा मछुआरे ने चिल्लाया।
"and I will surely dance with thee tonight"
"और मैं निश्चित रूप से आज रात तुम्हारे साथ नृत्य करूँगा।
"I would have preferred it if you had asked for gold"
"अगर आप सोने की मांग करते तो मैं इसे पसंद करता"
"But if this is thy price I shall pay it"
"लेकिन अगर यह तुम्हारी कीमत है तो मैं इसका भुगतान करूंगा।
"because it is but a little thing"
"क्योंकि यह सिर्फ एक छोटी सी बात है"
He doffed his cap to her and bent his head low
उसने अपनी टोपी उसके सामने उतार दी और अपना सिर नीचे झुका लिया।
and he ran back to town with joy in his heart
और वह अपने दिल में खुशी के साथ शहर में वापस भाग गया।
And the Witch watched him as he went
और ने उसे जाते हुए देखा।
when he had passed from her sight she entered her cave
जब वह उसकी दृष्टि से गुजर गया तो उसने अपनी गुफा में प्रवेश किया।
she took out a mirror from a box
उसने एक बॉक्स से एक दर्पण निकाला।
and she set up the mirror on a frame
और उसने दर्पण को एक फ्रेम पर स्थापित किया।
She burned vervain on lighted charcoal before the mirror
उसने दर्पण के सामने हल्के चारकोल पर वर्वेन जलाया।
and she peered through the coils of the smoke
और उसने धुएं के कुंडल के माध्यम से देखा।
after a time she clenched her hands in anger
थोड़ी देर बाद उसने गुस्से में अपने हाथ भींच लिए।
"He should have been mine," she muttered
"वह मेरा होना चाहिए था," वह बुदबुदाया।
"I am as beautiful as she is"

"मैं उतना ही सुंदर हूँ जितना वह है"

When the moon had risen he left his hut
जब चंद्रमा उग आया तो उसने अपनी झोपड़ी छोड़ दी।
the young Fisherman climbed up to the top of the mountain
युवा मछुआरा पहाड़ की चोटी पर चढ़ गया।
and he stood under the branches of the hornbeam
और वह हॉर्नबीम की शाखाओं के नीचे खड़ा था।
The sea lay at his feet like a disc of polished metal
समुद्र पॉलिश धातु की एक डिस्क की तरह उनके पैरों पर पड़ा था।
the shadows of the fishing boats moved in the little bay
मछली पकड़ने वाली नौकाओं की छाया छोटी खाड़ी में चली गई।
A great owl with yellow eyes called him
पीली आंखों वाले एक महान उल्लू ने उसे बुलाया।
it called him by his name
वह उसे उसके नाम से बुलाता था।
but he made the owl no answer
लेकिन उसने उल्लू को कोई जवाब नहीं दिया।
A black dog ran towards him and snarled
एक काला कुत्ता उसकी ओर दौड़ा और उसे घेर लिया।
but he did not panic when the dog came
लेकिन कुत्ते के आने पर वह घबराया नहीं।
he struck the dog with a rod of willow
उसने कुत्ते को विलो की रॉड से मारा।
and the dog went away, whining
और कुत्ता चिल्लाता हुआ चला गया।

At midnight the Witches came flying through the air
आधी रात को चुड़ैलें हवा में उड़ते हुए आईं।
they were like bats flying in the air
वे हवा में उड़ने वाले चमगादड़ की तरह थे।
"Phew!" they cried, as they landed on the ground

"फेव!" वे जमीन पर उतरते हुए रोए।
"there is someone here that we don't know!"
"यहाँ कोई है जिसे हम नहीं जानते!
and they sniffed around for the stranger
और वे अजनबी के चारों ओर सूँघने लगे।
they chattered to each other and made signs
वे एक-दूसरे से बात करते थे और संकेत देते थे।
Last of all came the young Witch
सबसे अंत में युवा आई।
her red hair was streaming in the wind
उसके लाल बाल हवा में बह रहे थे।
She wore a dress of gold tissue
उसने सोने के ऊतक की पोशाक पहनी थी।
and her dress was embroidered with peacocks' eyes
और उसकी पोशाक पर मोर की आंखों से कढ़ाई की गई थी।
a little cap of green velvet was on her head
हरे मखमल की एक छोटी सी टोपी उसके सिर पर थी।
"Who is he?" shrieked the Witches when they saw her
"वह कौन है?" चुड़ैलों ने उसे देखा तो चिल्लाई।
but she only laughed, and ran to the hornbeam
लेकिन वह केवल हँसे, और हॉर्नबीम की ओर भागी।
and she took the Fisherman by the hand
और उसने मछुआरे का हाथ पकड़ लिया।
she led him out into the moonlight
वह उसे चांदनी में ले गया
and in the moonlight they began to dance
और चांदनी में वे नाचने लगे।
Round and round they whirled in their dance
गोल-गोल वे अपने नृत्य में झूम रहे थे।
she jumped higher and higher into the air
वह हवा में ऊंची और ऊंची कूद गई।
he could see the scarlet heels of her shoes

वह अपने जूते की लाल ऊँची एड़ी देख सकता था।
Then came the sound of the galloping of a horse
तभी घोड़े के सरपट दौड़ने की आवाज आई।
but there was no horse to be seen
लेकिन कोई घोड़ा दिखाई नहीं दे रहा था।
and he felt afraid, but he did not know why
और उसे डर लग रहा था, लेकिन वह नहीं जानता था कि क्यों।
"Faster," cried the Witch to him
"तेजी से," ने उससे चिल्लाया।
and she threw her arms around his neck
और उसने अपनी बाहों को उसकी गर्दन के चारों ओर फेंक दिया।
and her breath was hot upon his face
और उसकी साँसें उसके चेहरे पर गर्म थीं।
"Faster, faster!" she cried again
"तेज, तेज!" वह फिर से चिल्लाई।
the earth seemed to spin beneath his feet
पृथ्वी उसके पैरों के नीचे घूमती हुई लग रही थी।
and his thoughts grew more and more troubled
और उसके विचार और अधिक परेशान हो गए।
out of nowhere a great terror fell on him
कहीं से भी उस पर एक बड़ा आतंक नहीं गिरा।
he felt some evil thing was watching him
उसे लगा कि कोई बुरी चीज उसे देख रही है।
and at last he became aware of something
और अंत में उसे कुछ पता चला।
under the shadow of a rock there was a figure
एक चट्टान की छाया के नीचे एक आकृति थी।
a figure that he had not been there before
एक आंकड़ा जो वह पहले वहां नहीं गया था
It was a man dressed in a black velvet suit
यह काले मखमल सूट पहने एक आदमी था।
it was styled in the Spanish fashion

इसे स्पेनिश फैशन में स्टाइल किया गया था।
the strangers face was strangely pale
अजनबियों का चेहरा अजीब तरह से पीला पड़ गया था।
but his lips were like a proud red flower
लेकिन उसके होंठ एक गर्वित लाल फूल की तरह थे।
He seemed weary of what he was seeing
वह जो कुछ देख रहा था उससे थका हुआ लग रहा था।
he was leaning back toying in a listless manner
वह पीछे की ओर झुके हुए थे, एक सूचीहीन तरीके से खेल रहे थे।
he was toying with the pommel of his dagger
वह अपने खंजर के पोमेल के साथ खेल रहा था।
on the grass beside him lay a plumed hat
उसके बगल में घास पर एक झुकी हुई टोपी रखी हुई थी।
and there were a pair of riding gloves with gilt lace
और गिल्ट फीता के साथ सवारी दस्ताने की एक जोड़ी थी।
they were sewn with seed-pearls
उन्हें बीज-मोती से सिल दिया गया था।
A short cloak lined with sables hung from his shoulder
उसके कंधे से टंगा एक छोटा सा लबादा लटका हुआ था।
and his delicate white hands were gemmed with rings
और उसके नाजुक सफेद हाथ अंगूठियों से जकड़े हुए थे।
Heavy eyelids drooped over his eyes
उसकी आँखों पर भारी पलकें टपक रही थीं।
The young Fisherman watched the stranger
युवा मछुआरे ने अजनबी को देखा।
just like when one is snared in a spell
ठीक वैसे ही जैसे जब किसी को मंत्र में डुबोया जाता है
At last the Fisherman's and the stranger's eyes met
अंत में मछुआरे और अजनबी की आँखें मिलीं।
wherever he danced the eyes seemed to be on him
वह जहां भी नाचता था, नजरें उस पर ही लगती थीं।
He heard the Witch laugh wildly

उसने को बेतहाशा हंसते हुए सुना।

and he caught her by the waist

और उसने उसे कमर से पकड़ लिया।

and he whirled her madly round and round

और वह उसे गोल-गोल पागल ों की तरह घुमाता रहा।

Suddenly a dog barked in the woods

अचानक जंगल में एक कुत्ता भौंकने लगा।

and all the dancers stopped dancing

और सभी नर्तकियों ने नृत्य करना बंद कर दिया।

they knelt down and kissed the man's hands

उन्होंने घुटने टेक दिए और आदमी के हाथों को चूमा।

As they did so a little smile touched his proud lips

जैसे ही उन्होंने ऐसा किया, एक छोटी सी मुस्कान उसके गर्व ति होंठों को छू गई।

like when a bird's wing touches the water

जैसे जब एक पक्षी का पंख पानी को छूता है

and it makes the water laugh a little

और यह पानी को थोड़ा हंसाता है।

But there was disdain in his smile

लेकिन उसकी मुस्कान में तिरस्कार था।

He kept looking at the young Fisherman

वह युवा मछुआरे को देखता रहा।

"Come! let us worship" whispered the Witch

"आओ! आइए हम पूजा करें," ने फुसफुसाकर कहा।

and she led him up to the man

और वह उसे उस आदमी के पास ले गया

a great desire to follow her seized him

उसका अनुसरण करने की एक बड़ी इच्छा ने उसे पकड़ लिया।

and he followed her to the man

और वह उसके पीछे-पीछे उस आदमी के पास चला गया।

But when he came close he made the sign of the Cross

लेकिन जब वह करीब आया तो उसने क्रॉस का संकेत बनाया।

he did this without knowing why he did it
उसने यह जाने बिना ऐसा किया कि उसने ऐसा क्यों किया।
and he called upon the holy name
और उसने पवित्र नाम पुकारा।
As soon as he did this the Witches screamed like hawks
जैसे ही उसने ऐसा किया, चुड़ैलें बाज की तरह चिल्लाईं।
and all the Witches flew away like bats
और सभी चुड़ैलें चमगादड़ की तरह उड़ गईं।
the figure under the shadow tWitched with pain
छाया के नीचे की आकृति दर्द से तड़प रही थी।
The man went over to a little wood and whistled
वह आदमी थोड़ी सी लकड़ी के पास गया और सीटी बजाई।
A horse with silver trappings came running to meet him
चांदी के जाल के साथ एक घोड़ा उनसे मिलने के लिए दौड़ता हुआ आया।
As he leapt upon the saddle he turned round
जैसे ही वह काठी पर कूदा, वह गोल हो गया।
and he looked at the young Fisherman sadly
और उसने उदास होकर युवा मछुआरे को देखा।
the Witch with the red hair also tried to fly away
लाल बालों वाली ने भी उड़ने की कोशिश की।
but the Fisherman caught her by her wrists
लेकिन मछुआरे ने उसे उसकी कलाई से पकड़ लिया।
and he kept hold of her tightly
और उसने उसे कसकर पकड़ लिया।
"Let me loose!" she cried, "Let me go!"
"मुझे छोड़ दो!" वह चिल्लाई, "मुझे जाने दो!
"thou hast named what should not be named"
"तुमने नाम रखा है जिसका नाम नहीं दिया जाना चाहिए"
"and thou hast shown the sign that may not be looked at"
"और तूने वह चिन्ह दिखाया है जिसे देखा नहीं जा सकता।
"I will not let thee go till thou hast told me the secret"
"मैं तुम्हें तब तक जाने नहीं दूँगा जब तक तू मुझे रहस्य नहीं बता देता।
"What secret?" said the Witch

"क्या रहस्य है?" ने कहा।
and she wrestled with him like a wild cat
और वह एक जंगली बिल्ली की तरह उसके साथ कुश्ती करता था।
and she bit her foam-flecked lips
और उसने अपने फोम-फटे होंठों को काट लिया।
"You know the secret," replied the Fisherman
"आप रहस्य जानते हैं," मछुआरे ने जवाब दिया।
Her grass-green eyes grew dim with tears
उसकी घास-हरी आँखें आँसू से मंद हो गईं।
"Ask me anything but that!" she begged of the Fisherman
"इसके अलावा मुझसे कुछ भी पूछो!" उसने मछुआरे से भीख मांगी।
He laughed, and held her all the more tightly
वह हँसा, और उसे और अधिक कसकर पकड़ लिया।
She saw that she could not free herself
उसने देखा कि वह खुद को मुक्त नहीं कर सका।
when she realized this she whispered to him
जब उसे इस बात का एहसास हुआ तो वह फुसफुसाई।
"Surely I am as fair as the daughters of the sea"
"निश्चित रूप से मैं समुद्र की बेटियों की तरह निष्पक्ष हूं।
"and I am as comely as those that dwell in the blue waters"
"और मैं उन लोगों की तरह सुंदर हूँ जो नीले पानी में रहते हैं।
and she fawned on him and put her face close to his
और वह उस पर मोहित हो गई और अपना चेहरा उसके करीब रख दिया।
But he thrust her back and replied to her
लेकिन उसने उसे पीछे धकेल दिया और उसे जवाब दिया।
"If thou don't keep your promise I will slay thee"
"यदि तू अपना वचन नहीं निभाता, तो मैं तुझे मार डालूँगा।
"I will slay thee for a false Witch"
"मैं तुम्हें एक झूठी के लिए मार डालूंगा"
She grew gas rey as a blossom of the Judas tree
उसने यहूदा के पेड़ के फूल के रूप में गैस उगाई।
and a strange shudder past through her body

और उसके शरीर में एक अजीब सी सिहरन फैल गई।
"if that is how you want it to be," she muttered
"अगर आप ऐसा चाहते हैं," वह बुदबुदाया।
"It is thy Soul and not mine"
"यह तुम्हारी आत्मा है और मेरी नहीं।
"Do with your Soul as thou wish"
"अपनी आत्मा के साथ जैसा तुम चाहो वैसा करो"
And she took from her girdle a little knife
और उसने अपने गले से एक छोटा सा चाकू ले लिया।
the knife had a handle of green viper's skin
चाकू में हरे वाइपर की त्वचा का एक हैंडल था।
and she gave him this green little knife
और उसने उसे यह हरा छोटा चाकू दिया।
"What shall I do with this?" he asked of her
"मैं इसके साथ क्या करूँ?" उसने उससे पूछा।
She was silent for a few moments
वह कुछ क्षणों के लिए चुप हो गया।
a look of terror came over her face
उसके चेहरे पर आतंक का एक दृश्य आ गया।
Then she brushed her hair back from her forehead
फिर उसने अपने बालों को अपने माथे से वापस ब्रश किया।
and, smiling strangely, she spoke to him
और, अजीब तरह से मुस्कुराते हुए, उसने उससे बात की।
"men call it the shadow of the body"
"पुरुष इसे शरीर की छाया कहते हैं"
"but it is not the shadow of the body"
"लेकिन यह शरीर की छाया नहीं है"
"the shadow is the body of the Soul"
"छाया आत्मा का शरीर है"
"Stand on the sea-shore with thy back to the moon"
"चंद्रमा पर अपनी पीठ के साथ समुद्र के किनारे खड़े हो जाओ"
"cut away from around thy feet thy shadow"

"अपने पैरों के चारों ओर से अपनी छाया काट लो"
"the shadow, which is thy Soul's body"
"छाया, जो आपकी आत्मा का शरीर है"
"and bid thy Soul to leave thee"
"और अपनी आत्मा को तुम्हें छोड़ने के लिए कहें"
"and thy Soul will leave thee"
"और तुम्हारी आत्मा तुम्हें छोड़ देगी"
The young Fisherman trembled, "Is this true?"
युवा मछुआरा कांप उठा, "क्या यह सच है?
"what I have said is true," she answered him
"मैंने जो कहा है वह सच है," उसने उसे जवाब दिया।
"and I wish that I had not told thee of it"
"और काश मैंने तुम्हें इसके बारे में नहीं बताया होता।
she cried, and clung to his knees weeping
वह रोया, और अपने घुटनों से चिपक कर रोने लगा।
he moved her away from him in the tall grass
वह उसे लंबी घास में उससे दूर ले गया।
and he placed the little green knife in his belt
और उसने छोटे हरे रंग के चाकू को अपनी बेल्ट में रखा।
then he went to the edge of the mountain
फिर वह पहाड़ के किनारे पर चला गया।
from the edge of the mountain he began to climb down
पहाड़ के किनारे से वह नीचे चढ़ने लगा।

The Soul
वो आत्मा

his Soul called out to him
उसकी आत्मा ने उसे पुकारा
"I have dwelt with thee for all these years"
"मैं इतने सालों से तुम्हारे साथ रह रहा हूँ"
"and I have been thy servant"
"और मैं तुम्हारा दास रहा हूँ"
"Don't send me away from thee"
"मुझे अपने से दूर मत भेजो"
"what evil have I done thee?"
"मैंने तेरा क्या बुरा किया है?
And the young Fisherman laughed
और युवा मछुआरा हँसने लगा।
"Thou has done me no evil"
"तूने मेरी कोई बुराई नहीं की"
"but I have no need of thee"
"लेकिन मुझे तुम्हारी कोई ज़रूरत नहीं है"
"The world is wide"
"दुनिया व्यापक है"
"there is Heaven and Hell in this life"
"इस जीवन में स्वर्ग और नरक है"
"and there a dim twilight between them"
"और उनके बीच एक मंद धुंधलका है"
"Go wherever thou wilt, but trouble me not"
"तुम जहाँ चाहो जाओ, लेकिन मुझे परेशान मत करो।
"because my love is calling to me"
"क्योंकि मेरा प्यार मुझे बुला रहा है"
His Soul besought him piteously
उसकी आत्मा ने उसे दयनीय रूप से मांगा।
but the young Fishmerman heeded it not

लेकिन युवा फिशमरमैन ने इस पर ध्यान नहीं दिया।

instead, he leapt from crag to crag

इसके बजाय, वह क्रैग से क्रैग तक कूद गया।

he moved as sure-footed as a wild goat

वह एक जंगली बकरी की तरह निश्चित पैर से चलता था।

and at last he reached the level ground

और अंत में वह समतल जमीन पर पहुंच गया।

and then he reached the yellow shore of the sea

और फिर वह समुद्र के पीले किनारे पर पहुंच गया।

He stood on the sand with his back to the moon

वह चंद्रमा की ओर पीठ करके रेत पर खड़ा था।

and out of the sea-foam came white arms

और समुद्र-झाग से सफेद बाहें निकलीं।

the arms of the mermaid beckoned him to come

जलपरी की बाहों ने उसे आने के लिए इशारा किया।

Before him lay his shadow; the body of his Soul

उसके सामने उसकी छाया थी; उसकी आत्मा का शरीर

behind him hung the moon, in honey-coloured air

उसके पीछे शहद के रंग की हवा में चंद्रमा लटका हुआ था।

And his Soul spoke to him again

और उसकी आत्मा ने उससे फिर से बात की।

"thou hast decided to drive me away from thee"

"तूने मुझे तुझ से दूर करने का निश्चय कर लिया है"

"but send me not forth without a heart"

"लेकिन मुझे दिल के बिना आगे मत भेजो।

"The world you are sending me to is cruel"

"जिस दुनिया में आप मुझे भेज रहे हैं वह क्रूर है।

"give me thy heart to take with me"

"मुझे अपने साथ ले जाने के लिए अपना दिल दे दो"

He tossed his head and smiled

उसने अपना सिर उछाला और मुस्कुराया।

"With what should I love if I gave thee my heart?"

"अगर मैंने तुम्हें अपना दिल दे दिया तो मुझे किससे प्यार करना चाहिए?

"Nay, but be merciful," said his Soul
"नहीं, लेकिन दयालु बनो," उसकी आत्मा ने कहा।

"give me thy heart, for the world is very cruel"
"मुझे अपना दिल दे दो, क्योंकि दुनिया बहुत क्रूर है।

"and I am afraid," begged his soul
"और मुझे डर लगता है," उसकी आत्मा ने विनती की।

"My heart belongs my love," he answered
"मेरा दिल मेरा प्यार है," उसने जवाब दिया।

"Should I not love also?" asked his Soul
"क्या मुझे भी प्यार नहीं करना चाहिए?" उसकी आत्मा ने पूछा।

but the fisherman didn't answer his soul
लेकिन मछुआरे ने अपनी आत्मा का जवाब नहीं दिया।

"Get thee gone, for I have no need of thee"
"चले जाओ, क्योंकि मुझे तुम्हारी कोई आवश्यकता नहीं है।

and he took the little knife
और उसने छोटा चाकू ले लिया।

the knife with its handle of green viper's skin
हरे वाइपर की त्वचा के हैंडल के साथ चाकू

and he cut away his shadow from around his feet
और उसने अपने पैरों के चारों ओर से अपनी छाया काट दी

and his shadow rose up and stood before him
और उसकी छाया उठकर उसके सामने खड़ी हो गई।

his shadow was just like he was
उसकी परछाई वैसी ही थी जैसी वह थी।

and his shadow looked just like he did
और उसकी छाया वैसी ही लग रही थी जैसे उसने की थी।

He crept back and put his knife into his belt
वह वापस आया और अपना चाकू उसकी बेल्ट में डाल दिया।

A feeling of awe came over him
विस्मय की भावना उसके ऊपर आ गई।

"Get thee gone," he murmured

"चले जाओ," वह बुदबुदाया।
"let me see thy face no more"
"मुझे तुम्हारा चेहरा अब और नहीं देखने दो"
"Nay, but we must meet again," said the Soul
"नहीं, लेकिन हमें फिर से मिलना चाहिए," आत्मा ने कहा।
His Soul's voice was low and like a flute
उसकी आत्मा की आवाज धीमी और बांसुरी की तरह थी।
its lips hardly moved while it spoke
बोलते समय उसके होंठ मुश्किल से हिलते थे।
"How shall we meet?" asked the young Fisherman
"हम कैसे मिलेंगे?" युवा मछुआरे ने पूछा।
"Thou wilt not follow me into the depths of the sea?"
"क्या तू समुद्र की गहराइयों में मेरे पीछे नहीं आएगा?
"Once every year I will come to this place"
"हर साल एक बार मैं इस जगह पर आऊंगा"
"I will call to thee," said the Soul
"मैं तुम्हें पुकारूंगा," आत्मा ने कहा।
"It may be that thou will have need of me"
"हो सकता है कि तुम्हें मेरी ज़रूरत हो"
the young Fishermam did not see a reason
युवा फिशरमाम ने कोई कारण नहीं देखा।
"What need could I have of thee?"
"मुझे तुम्हारी क्या ज़रूरत हो सकती है?
"but be it as thou wilt"
"लेकिन जैसा तुम चाहो वैसा ही रहो"
he plunged into the deep dark waters
वह गहरे गहरे पानी में डूब गया।
and the Tritons blew their horns to welcome him
और ट्राइटन ने उसका स्वागत करने के लिए अपने सींग बजाए।
the little Mermaid rose up to meet her lover
छोटी जलपरी अपने प्रेमी से मिलने के लिए उठी।
she put her arms around his neck

उसने अपनी बाहों को उसके गले में डाल दिया।
and she kissed him on the mouth
और उसने उसके मुँह पर चूम ा।
His Soul stood on the lonely beach
उसकी आत्मा अकेले समुद्र तट पर खड़ी थी।
his Soul watched them sink into the sea
उसकी आत्मा ने उन्हें समुद्र में डूबते देखा।
then his Soul went weeping away over the marshes
तब उसकी आत्मा दलदल के ऊपर रोती हुई चली गई।

After the First Year
प्रथम वर्ष के बाद

it had been one year since had he cast his soul away
एक साल हो गया था जब उसने अपनी आत्मा को दूर कर दिया था।
the Soul came back to the shore of the sea
आत्मा समुद्र के किनारे वापस आ गई
and the Soul called to the young Fisherman
और आत्मा ने युवा मछुआरे को बुलाया
the young Fisherman rose back out of the sea
युवा मछुआरा समुद्र से वापस उठ गया।
he asked his soul, "Why dost thou call me?"
उसने अपनी आत्मा से पूछा, "तुम मुझे क्यों बुलाते हो?
And the Soul answered, "Come nearer"
और आत्मा ने उत्तर दिया, "निकट आओ"
"come nearer, so that I may speak with thee"
"निकट आओ, ताकि मैं तुमसे बात कर सकूँ।
"I have seen marvellous things"
"मैंने अद्भुत चीजें देखी हैं"
So the young Fisherman came nearer to his soul
इसलिए युवा मछुआरा उसकी आत्मा के करीब आ गया।
and he couched in the shallow water
और वह उथले पानी में डूब गया।
and he leaned his head upon his hand
और उसने अपना सिर उसके हाथ पर झुका लिया।
and he listened to his Soul
और उसने अपनी आत्मा की बात सुनी।
and his Soul spoke to him
और उसकी आत्मा ने उससे बात की

When I left thee I turned East
जब मैंने तुम्हें छोड़ा तो मैं पूर्व की ओर मुड़ गया।

From the East cometh everything that is wise
पूरब से वह सब कुछ आता है जो बुद्धिमान है।
For six days I journeyed eastwards
छह दिनों तक मैं पूर्व की ओर यात्रा करता रहा।
on the morning of the seventh day I came to a hill
सातवें दिन की सुबह मैं एक पहाड़ी पर आया।
a hill that is in the country of the Tartars
एक पहाड़ी जो टार्टर्स के देश में है
I sat down under the shade of a tamarisk tree
मैं एक तामरिस्क पेड़ की छाया के नीचे बैठ गया।
in order to shelter myself from the sun
खुद को सूरज से बचाने के लिए
The land was dry and had burnt up from the heat
जमीन सूखी थी और गर्मी से जल गई थी।
The people went to and fro over the plain
लोग मैदान के ऊपर से आते-जाते थे।
they were like flies crawling on polished copper
वे पॉलिश किए गए तांबे पर रेंगने वाली मक्खियों की तरह थे।
When it was noon a cloud of red dust rose
जब दोपहर हुई तो लाल धूल का एक बादल उठ गया।
When the Tartars saw it they strung their bows
जब टार्टर्स ने इसे देखा तो उन्होंने अपने धनुष को घुमा दिया।
and they leapt upon their little horses
और वे अपने छोटे घोड़ों पर कूद गए।
they galloped to meet the cloud of red dust
वे लाल धूल के बादल से मिलने के लिए सरपट दौड़े।
The women fled to the wagons, screamin
महिलाएं चीखते हुए डिब्बों की ओर भाग गईं।
they hid themselves behind the felt curtains
वे महसूस किए गए पर्दे के पीछे खुद को छिपा ते थे।
At twilight the Tartars returned to their camp
गोधूलि के बाद टार्टर्स अपने शिविर में लौट आए।
but five of them did not return

लेकिन उनमें से पांच वापस नहीं लौटे।
many of them had been wounded
उनमें से कई घायल हो गए थे।
They harnessed their horses to the wagons
उन्होंने अपने घोड़ों को वैगनों तक पहुंचाया।
and they drove away hastily
और वे जल्दबाजी में चले गए
Three jackals came out of a cave and peered after them
तीन सियार एक गुफा से बाहर आए और उनके पीछे झाँकने लगे।
the jackals sniffed the air with their nostrils
सियार अपने नथुनों से हवा को सूंघते थे।
and they trotted off in the opposite direction
और वे विपरीत दिशा में चले गए।
When the moon rose I saw a camp-fire
जब चंद्रमा उग आया तो मैंने एक शिविर-आग देखी।
and I went towards the fire in the distance
और मैं कुछ ही दूरी पर आग की ओर चला गया।
A company of merchants were seated round the fire
व्यापारियों की एक कंपनी आग के चारों ओर बैठी थी।
the merchants were sitting on their carpets
व्यापारी अपने कालीनों पर बैठे थे।
Their camels were tied up behind them
उनके ऊंट उनके पीछे बंधे हुए थे।
and their servants were pitching tents in the sand
और उनके सेवक रेत में तंबू गाड़ रहे थे।
As I came near them the chief rose up
जैसे ही मैं उनके पास आया, प्रधान उठ खड़ा हुआ।
he drew his sword and asked me my intentions
उसने अपनी तलवार खींची और मुझसे मेरे इरादे पूछे।
I answered that I was a Prince in my own land
मैंने जवाब दिया कि मैं अपने ही देश में एक राजकुमार था।
I said I had escaped from the Tartars

मैंने कहा कि मैं टार्टर्स से बच गया था।

they had sought to make me their slave
वे मुझे अपना गुलाम बनाना चाहते थे।

The chief smiled and showed me five heads
मुखिया मुस्कुराया और मुझे पांच सिर दिखाए।

the heads were fixed upon long reeds of bamboo
सिर बांस के लंबे सरकंडे पर लगाए गए थे।

Then he asked me who was the prophet of God
फिर उसने मुझसे पूछा कि परमेश्वर का नबी कौन है।

I answered him that it was, "Mohammed"
मैंने उसे जवाब दिया कि यह था, "मोहम्मद"

He bowed and took me by the hand
उसने झुककर मेरा हाथ पकड़ लिया।

and he let me sit by his side
और उसने मुझे अपने बगल में बैठने दिया।

A servant brought me some mare's milk in a wooden-dish
एक नौकर मेरे लिए लकड़ी के बर्तन में घोड़ी का दूध लाया।

and he brought a piece of lamb's flesh
और वह मेमने के मांस का एक टुकड़ा लाया।

At daybreak we started on our journey
दिन के ब्रेक में हमने अपनी यात्रा शुरू की।

I rode on a red-haired camel, by the side of the chief
मैं लाल बालों वाले ऊंट पर सवार था, प्रमुख के बगल में।

a runner ran before us, carrying a spear
एक धावक भाला लेकर हमारे सामने दौड़ा।

The men of war were on both sides of us
युद्ध के लोग हमारे दोनों तरफ थे।

and the mules followed with the merchandise
और खच्चरों ने माल के साथ पीछा किया

There were forty camels in the caravan
कारवां में चालीस ऊंट थे।

and the mules were twice forty in number

और खच्चरों की संख्या चालीस से दोगुनी थी।

We went from the land of Tartars to the land of Gryphons
हम टार्टर्स की भूमि से ग्रिफॉन्स की भूमि पर गए।
The folk of the Gryphons curse the Moon
ग्रिफॉन के लोग चंद्रमा को कोसते हैं।
We saw the Gryphons on the white rocks
हमने सफेद चट्टानों पर ग्रिफॉन को देखा।
they were guarding their gold treasure
वे अपने सोने के खजाने की रखवाली कर रहे थे।
And we saw the scaled Dragons sleeping in their caves
और हमने स्केल्ड ड्रेगन को अपनी गुफाओं में सोते हुए देखा।
As we passed over the mountains we held our breath
जैसे ही हम पहाड़ों के ऊपर से गुजरे, हमने अपनी सांस रोक ली।
so that the snow would not fall on us
ताकि बर्फ हम पर न गिरे।
and each man tied a veil over his eyes
और हर आदमी ने अपनी आँखों पर परदा बाँध लिया।
when we passed through the valleys of the Pygmies
जब हम पिग्मी की घाटियों से गुजरे
and the Pygmies shot their arrows at us
और पिग्मी ने हम पर अपने तीर चलाए।
they shot from the hollows of the trees
उन्होंने पेड़ों के खोखले से गोली चलाई।
at night we heard the wild men beat their drums
रात में हमने जंगली लोगों को अपने ढोल पीटते हुए सुना।
When we came to the Tower of Apes we offered fruits
जब हम वानरों की मीनार पर आए, तो हमने फल चढ़ाए।
and those inthe tower of the Apes did not harm us
और वानरों की मीनार में बैठे लोगों ने हमें नुकसान नहीं पहुँचाया।
When we came to the Tower of Serpents we offered milk
जब हम नागों की मीनार पर आए तो हमने दूध चढ़ाया।

and those in the tower of the Serpents let us go past
और जो लोग सर्पों की मीनार में हैं, वे हमें अतीत में जाने देते हैं।

Three times in our journey we came to the banks of the Oxus
हमारी यात्रा में तीन बार हम ऑक्सस के तट पर आए।

We crossed the river Oxus on rafts of wood
हमने लकड़ी के बेड़े पर ऑक्सस नदी को पार किया।

The river horses raged and tried to slay us
नदी के घोड़ों ने हमें मारने की कोशिश की।

When the camels saw them they trembled
जब ऊंटों ने उन्हें देखा तो वे कांप उठे।

The kings of each city levied tolls on us
प्रत्येक शहर के राजा हम पर टोल लगाते थे।

but they would not allow us to enter their gates
लेकिन वे हमें अपने द्वार में प्रवेश करने की अनुमति नहीं देते थे।

They threw bread over the walls to us
उन्होंने हमारे लिए दीवारों पर रोटी फेंक दी।

and they gave us little maize-cakes baked in honey
और उन्होंने हमें शहद में पके हुए छोटे मक्का-केक दिए।

and cakes of fine flour filled with dates
और खजूर से भरे बारीक आटे के केक

For every hundred baskets we gave them a bead of amber
हर सौ टोकरी के लिए हमने उन्हें एम्बर का एक मोती दिया।

When villagers saw us coming they poisoned the wells
जब ग्रामीणों ने हमें आते देखा तो उन्होंने कुओं में जहर मिला दिया।

and the villagers fled to the hill-summits
और ग्रामीण पहाड़ी-शिखर ों पर भाग गए।

on our journey we fought with the Magadae
हमारी यात्रा में हमने मगडे के साथ लड़ाई लड़ी।

They are born old, and grow younger every year
वे बूढ़े पैदा होते हैं, और हर साल युवा होते हैं।

they die when they are little children
वे मर जाते हैं जब वे छोटे बच्चे होते हैं।

and on our journey we fought with the Laktroi

और हमारी यात्रा में हमने लकट्रोई के साथ लड़ाई लड़ी
they say that the Laktroi are the sons of tigers
वे कहते हैं कि लकट्रॉई बाघों के पुत्र हैं।
and they paint themselves yellow and black
और वे खुद को पीले और काले रंग में रंगते हैं।
And on our journey we fought with the Aurantes
और हमारी यात्रा में हम औरंतों के साथ लड़े।
they bury their dead on the tops of trees
वे अपने मृतकों को पेड़ों की चोटी पर दफनाते हैं।
the Sun, who is their god, slays their buried
सूर्य, जो उनके देवता हैं, उनके दफन को मारते हैं
so they live in dark caverns
इसलिए वे अंधेरी गुफाओं में रहते हैं।
And on our journey we fought with the Krimnians
और हमारी यात्रा में हमने क्रिमनियों के साथ लड़ाई लड़ी।
the folk of the Krimnians worship a crocodile
क्रिमनियन के लोग मगरमच्छ की पूजा करते हैं।
they give the crocodile earrings of green glass
वे मगरमच्छ को हरे कांच की बालियां देते हैं।
they feed the crocodile with butter and fresh fowls
वे मगरमच्छ को मक्खन और ताजा मुर्गियों के साथ खिलाते हैं।
we fought with the Agazonbae, who are dog-faced
हमने अगाज़ोनबे के साथ लड़ाई की, जो कुत्ते का सामना कर रहे हैं।
and we fought with the Sibans, who have horses' feet
और हम सिबान से लड़े, जिनके पास घोड़ों के पैर हैं।
and they can run swifter than the fastest horses
और वे सबसे तेज घोड़ों की तुलना में तेज दौड़ सकते हैं

A third of our army died in battle
हमारी सेना का एक तिहाई हिस्सा युद्ध में मारा गया।
a third of our army died from want of food
हमारी सेना का एक तिहाई हिस्सा भोजन की कमी से मर गया।

The rest of our army murmured against me
हमारी बाकी सेना मेरे खिलाफ बड़बड़ाने लगी।

they said that I had brought them an evil fortune
उन्होंने कहा कि मैं उनके लिए एक बुरा भाग्य लाया था।

I took an adder from beneath a stone
मैंने एक पत्थर के नीचे से एक ऐडर लिया।

and I let the adder bite my hand
और मैंने एडर को अपना हाथ काटने दिया।

When they saw I did not sicken they grew afraid
जब उन्होंने देखा कि मैं बीमार नहीं हुआ तो वे डर गए।

In the fourth month we reached the city of Illel
चौथे महीने में हम इलेल शहर पहुँचे।

It was night time when we reached the city
रात का समय था जब हम शहर पहुँचे।

we arrived at the grove outside the city walls
हम शहर की दीवारों के बाहर उपवन पर पहुंचे।

the air in the city was sultry
शहर की हवा उमस भरी थी।

because the Moon was travelling in Scorpion
क्योंकि चंद्रमा बिच्छू में यात्रा कर रहा था

We took the ripe pomegranates from the trees
हमने पेड़ों से पके हुए अनार लिए।

and we broke them, and drank their sweet juices
और हमने उन्हें तोड़ दिया, और उनके मीठे रस पी लिए।

Then we laid down on our carpets
फिर हम अपने कालीनों पर लेट गए।

and we waited for the dawn to come
और हम भोर के आने का इंतजार कर रहे थे।

At dawn we rose and knocked at the gate of the city
भोर होते ही हम उठे और शहर के द्वार पर दस्तक दी।

the gate was wrought out of red bronze
गेट लाल कांसे से बनाया गया था।

and the gate had carvings of sea-dragons

और गेट पर समुद्री-ड्रेगन की नक्काशी थी।
The guards looked down from the battlements
गार्ड ◌ो◌ं ने युद्ध के मैदानों से नीचे देखा।
and they asked us what our intentions were
और उन्होंने हमसे पूछा कि हमारे इरादे क्या हैं।
The interpreter of the caravan answered
कारवां के दुभाषिया ने जवाब दिया।
we said we had come from the land of Syria
हमने कहा कि हम सीरिया की धरती से आए हैं।
and we told him we had many merchandise
और हमने उसे बताया कि हमारे पास कई सामान हैं।
They took some of us as hostages
उन्होंने हममें से कुछ को बंधक बना लिया।
and they told us they would open the gate at noon
और उन्होंने हमें बताया कि वे दोपहर में गेट खोलेंगे।
when it was noon they opened the gate
जब दोपहर हुई तो उन्होंने गेट खोला।
when we entered the people came out of the houses
जब हम अंदर घुसे तो लोग घरों से बाहर निकल आए।
they came in order to look at us
वे हमें देखने के लिए आए थे।
and a town crier went around the city
और एक शहर रोने वाला शहर के चारों ओर चला गया।
he made announcements of our arrival through a shell
उसने एक गोले के माध्यम से हमारे आगमन की घोषणा की।
We stood in the market-place of the medina
हम मदीना के बाजार-स्थान में खड़े थे।
and the servants uncorded the bales of cloths
और सेवकों ने कपड़े की गांठों को खोल दिया।
they opened the carved chests of sycamore
उन्होंने गूलर की नक्काशीदार छाती खोली।
Then merchants set forth their strange wares

फिर व्यापारियों ने अपने अजीब माल को सामने रखा।
waxed linen from Egypt, painted linen from the Ethiops
मिस्र से मोम युक्त लिनन, एथियोप्स से लिनन चित्रित किया गया
purple sponges from Tyre, cups of cold amber
टायर से बैंगनी स्पंज, ठंडे एम्बर के कप
fine vessels of glass, and curious vessels of burnt clay
कांच के महीन बर्तन, और जली हुई मिट्टी के उत्सुक बर्तन
From the roof of a house a company of women watched us
एक घर की छत से महिलाओं की एक कंपनी हमें देख रही थी।
One of them wore a mask of gilded leather
उनमें से एक ने गिल्ड चमड़े का मुखौटा पहना था।

on the first day the Priests came and bartered with us
पहले दिन पुजारी आए और हमारे साथ वस्तु विनिमय किया।
On the second day the nobles came and bartered with us
दूसरे दिन रईस आए और हमारे साथ वस्तु विनिमय किया।
on the third day the craftsmen came and bartered with us
तीसरे दिन कारीगर आए और हमारे साथ वस्तु विनिमय किया।
all of them brought their slaves to us
वे सभी अपने दासों को हमारे पास ले आए।
this is their custom with all merchants
यह सभी व्यापारियों के साथ उनका रिवाज है।
we waited for the moon to come
हम चांद के आने का इंतजार कर रहे थे।
when the moon was waning I wandered away
जब चाँद मंद हो रहा था, मैं दूर भटक गया।
I wondered through the streets of the city
मैं शहर की सड़कों के माध्यम से सोच रहा था।
and I came to the garden of the city's God
और मैं नगर के परमेश्वर के बाग में आया।
The Priests in their yellow robes moved silently
पुजारी अपने पीले वस्त्रों में चुपचाप चले गए।

they moved through the green trees
वे हरे-भरे पेड़ों के माध्यम से चले गए।

There was a pavement of black marble
काले संगमरमर का एक फुटपाथ था।

and on this pavement stood a rose-red house
और इस फुटपाथ पर एक गुलाब-लाल घर खड़ा था।

this was the house in which the God was dwelling
यह वह घर था जिसमें भगवान निवास कर रहे थे।

its doors were of powdered lacquer
इसके दरवाजे पाउडर लाह के थे।

and bulls and peacocks were wrought on the doors
और बैल और मोर दरवाजों पर गढ़े गए थे।

and the doors were polished with gold
और दरवाजों को सोने से चमकाया गया था।

The tiled roof was of sea-green porcelain
टाइल वाली छत समुद्री-हरे चीनी मिट्टी के बरतन की थी।

and the jutting eaves were festooned with little bells
और छोटी-छोटी घंटियों से झुकी हुई खाने-पीने की आवाजें बज रही थीं।

When the white doves flew past they struck the bells
जब सफेद कबूतर उड़ गए तो उन्होंने घंटियों को मारा।

they struck the bells with their wings
उन्होंने अपने पंखों से घंटियों को मारा।

and the doves made the bells tinkle
और कबूतरों ने घंटियों को टिका दिया।

In front of the temple was a pool of clear water
मंदिर के सामने साफ पानी का एक कुंड था।

the pool was paved with veined onyx
पूल को नस वाले गोमेद के साथ पक्का किया गया था।

I laid down beside the water of the pool
मैं पूल के पानी के बगल में लेट गया।

and with my pale fingers I touched the broad leaves
और अपनी पीली उंगलियों से मैंने चौड़ी पत्तियों को छुआ।

One of the Priests came towards me

एक पुजारी मेरी ओर आया।
and the priest stood behind me
और पुजारी मेरे पीछे खड़ा था।
He had sandals on his feet
उनके पैरों में सैंडल थे।
one sandal was of soft serpent-skin
एक सैंडल मुलायम नागिन की त्वचा का था।
and the other sandal was of birds' plumage
और दूसरा सैंडल पक्षियों के बेर का था।
On his head was a mitre of black felt
उसके सिर पर काले रंग का एक धब्बा था।
and it was decorated with silver crescents
और इसे चांदी के अर्धचंद्राकार से सजाया गया था।
Seven kinds of yellow were woven into his robe
उसके वस्त्र में सात प्रकार के पीले बुने गए थे।
and his frizzed hair was stained with antimony
और उसके घुंघराले बाल एंटीमनी से सने हुए थे।

After a little while he spoke to me
थोड़ी देर बाद उसने मुझसे बात की।
finally, he asked me my desire
अंत में, उसने मुझसे मेरी इच्छा पूछी।
I told him that my desire was to see their god
मैंने उससे कहा कि मेरी इच्छा उनके भगवान को देखने की है।
He looked strangely at me with his small eyes
उसने अपनी छोटी-छोटी आँखों से मुझे अजीब तरह से देखा।
"The god is hunting," said the Priest
"देवता शिकार कर रहा है," पुजारी ने कहा।
I did not accept the answer of the priest
मैंने पुजारी का जवाब स्वीकार नहीं किया।
"Tell me in what forest and I will ride with him"
"मुझे बताओ कि किस जंगल में और मैं उसके साथ सवारी करूँगा।

his finger nails were long and pointed
उसकी उंगली के नाखून लंबे और नुकीले थे।

he combed out the soft fringes of his tunic
उसने अपने अंगरखा के नरम किनारों को कंघी किया

"The god is asleep," he murmured
"भगवान सो रहा है," वह बुदबुदाया।

"Tell me on what couch, and I will watch over him"
"मुझे बताओ कि किस सोफे पर, और मैं उस पर नज़र रखूंगा।

"The god is at the feast" he cried
"भगवान दावत में है," वह चिल्लाया।

"If the wine be sweet, I will drink it with him"
"अगर शराब मीठी होगी, तो मैं इसे उसके साथ पीऊंगा।

"and if the wine be bitter, I will drink it with him also"
"और यदि दाखमधु कड़वी हो, तो मैं उसे उसके साथ भी पीऊँगा।

He bowed his head in wonder
उसने आश्चर्य से सिर झुका लिया।

then he took me by the hand
फिर उसने मेरा हाथ पकड़ लिया।

and raised me up onto my feet
और मुझे अपने पैरों पर उठा लिया

and he led me into the temple
और वह मुझे मंदिर में ले गया।

In the first chamber I saw an idol
पहले कक्ष में मैंने एक मूर्ति देखी।

This idol was seated on a throne of jasper
इस मूर्ति को जैस्पर के सिंहासन पर बैठाया गया था।

the idol was bordered with great orient pearls
मूर्ति महान ओरिएंट मोती से घिरी हुई थी।

and on its forehead was a great ruby
और उसके माथे पर एक महान रूबी थी।

the idol was of a man, carved out of ebony

मूर्ति एक आदमी की थी, जिसे आबनूस से बनाया गया था।
thick oil dripped from its hair to its thighs
उसके बालों से उसकी जांघों तक मोटा तेल टपक रहा था।
Its feet were red with the blood of a newly-slain lamb
उसके पैर एक नव-मारे गए मेमने के खून से लाल हो गए थे।
and its loins girt with a copper belt
और इसकी लोइयां तांबे की बेल्ट से ढकी हुई हैं।
copper that was studded with seven beryls
तांबा जो सात बेरिल से जड़ा हुआ था
And I said to the Priest, "Is this the god?"
मैंने याजक से कहा, "क्या यह परमेश्वर है?
And he answered me, "This is the god"
उसने मुझे उत्तर दिया, "यह परमेश्वर है।
"Show me the god," I cried, "or I will slay thee"
"मुझे भगवान दिखाओ," मैं चिल्लाया, "या मैं तुम्हें मार डालूंगा।
I touched his hand and it withered
मैंने उसके हाथ को छुआ और वह मुरझा गया।
"Let my lord heal his servant," he begged me
"मेरे प्रभु अपने सेवक को चंगा करें," उसने मुझसे विनती की।
"heal his servant and I will show him the God"
"उसके दास को चंगा करो और मैं उसे परमेश्वर दिखाऊंगा।
So I breathed with my breath upon his hand
इसलिए मैंने उसके हाथ पर सांस लेकर सांस ली।
when I did this his hand became whole again
जब मैंने ऐसा किया तो उसका हाथ फिर से पूरा हो गया।
and the priest trembled with fear
और पुजारी डर से कांप उठा।
Then he led me into the second chamber
फिर वह मुझे दूसरे कक्ष में ले गया।
in this chamber I saw another idol
इस कक्ष में मैंने एक और मूर्ति देखी।
The idol was standing on a lotus of jade

मूर्ति जेड के कमल पर खड़ी थी।
the lotus hung with great emeralds
कमल बड़े पन्ना के साथ लटका हुआ है।
and the lotus was carved out of ivory
और कमल को हाथीदांत से बनाया गया था
its stature was twice the stature of a man
इसका कद आदमी के कद से दोगुना था।
On its forehead was a great chrysolite
इसके माथे पर एक महान क्राइसोलाइट था।
its breasts were smeared with myrrh and cinnamon
इसके स्तनों को लोहबान और दालचीनी से लपेटा गया था।
In one hand it held a crooked sceptre of jade
एक हाथ में जेड का एक टेढ़ा राजदंड था।
and in the other hand it held a round crystal
और दूसरे हाथ में यह एक गोल क्रिस्टल रखता था।
and its thick neck was circled with selenites
और इसकी मोटी गर्दन सेलेनाइट से घिरी हुई थी।
I asked the Priest, "Is this the god?"
मैंने पुजारी से पूछा, "क्या यह भगवान है?
he answered me, "This is the god"
उसने मुझे जवाब दिया, "यह भगवान है।
"Show me the god," I cried, "or I will slay thee"
"मुझे भगवान दिखाओ," मैं चिल्लाया, "या मैं तुम्हें मार डालूंगा।
And I touched his eyes and they became blind
और मैंने उसकी आँखों को छुआ और वे अंधे हो गए।
And the Priest begged me for mercy
और याजक ने मुझ से दया की भीख माँगी।
"Let my lord heal his servant"
"मेरे प्रभु अपने दास को चंगा करें"
"heal me and I will show him the God"
"मुझे चंगा करो और मैं उसे भगवान दिखाऊंगा।
So I breathed with my breath upon his eyes

इसलिए मैंने उसकी आँखों पर अपनी सांस लेकर साँस ली।
and the sight came back to his eyes
और वह दृश्य उसकी आँखों में वापस आ गया।
He trembled with fear again
वह फिर से डर से कांप ने लगा।
and then he led me into the third chamber
और फिर वह मुझे तीसरे कक्ष में ले गया।

There was no idol in the third chamber
तीसरे कक्ष में कोई मूर्ति नहीं थी।
there were no images of any kind
किसी भी तरह की कोई तस्वीर नहीं थी।
all there was in the room was a mirror
कमरे में केवल एक दर्पण था।
the mirror was made of round metal
दर्पण गोल धातु से बना था।
the mirror was set on an altar of stone
दर्पण को पत्थर की वेदी पर स्थापित किया गया था।
I said to the Priest, "Where is the god?"
मैंने पुजारी से कहा, "भगवान कहाँ है?
he answered me, "There is no god but this mirror
उसने मुझे उत्तर दिया, "इस दर्पण के अलावा कोई भगवान नहीं है।
because this is the Mirror of Wisdom
क्योंकि यह बुद्धि का दर्पण है
It reflects all things that are in heaven
यह उन सभी चीजों को दर्शाता है जो स्वर्ग में हैं।
and it reflects all things that are on earth
और यह पृथ्वी पर मौजूद सभी चीजों को दर्शाता है।
except for the face of him who looketh into it
सिवाय उसके चेहरे के जो उसमें झांकता है।
him who looketh into it it reflects not
जो इसे देखता है, वह प्रतिबिंबित नहीं करता है

so he who looketh into the mirror will become wise
इसलिए जो दर्पण में देखता है, वह बुद्धिमान बन जाएगा।
there are many other mirrors in the world
दुनिया में कई अन्य दर्पण हैं
but they are mirrors of opinion
लेकिन वे राय का दर्पण हैं।
This is the only mirror that shows Wisdom
यह एकमात्र दर्पण है जो बुद्धि दिखाता है।
those who possess this mirror know everything
जिनके पास यह दर्पण है, वे सब कुछ जानते हैं।
There isn't anything that is hidden from them
ऐसा कुछ भी नहीं है जो उनसे छिपा हो।
And those who don't possess the mirror don't have Wisdom
और जिनके पास दर्पण नहीं है, उनके पास बुद्धि नहीं है।
Therefore this mirror is the God
इसलिए यह दर्पण भगवान है।
and that is why we worship this mirror
और इसीलिए हम इस दर्पण की पूजा करते हैं।
And I looked into the mirror
मैंने आईने में देखा।
and it was as he had said to me
और यह वैसा ही था जैसा उसने मुझसे कहा था।

And then I did a strange thing
और फिर मैंने एक अजीब काम किया।
but what I did matters not
लेकिन मैंने जो किया वह मायने नहीं रखता
There a valley that is but a day's journey from here
एक घाटी है जो यहां से सिर्फ एक दिन की यात्रा है।
in this valley I have hidden the Mirror of Wisdom
इस घाटी में मैंने बुद्धि का दर्पण छिपा या है।
Allow me to enter into thee again

मुझे फिर से तुम्हारे अंदर प्रवेश करने की अनुमति दो।
accept me and thou shalt be wiser than all the wise men
मुझे स्वीकार करो और तुम सब ज्ञानियों से अधिक बुद्धिमान बनोगे।
let me enter into thee and none will be as wise as thou
मैं तेरे भीतर प्रवेश करूँ, और कोई भी तेरे समान बुद्धिमान नहीं होगा।
But the young Fisherman laughed
लेकिन युवा मछुआरा हँसने लगा।
"Love is better than Wisdom"
"प्यार बुद्धि से बेहतर है"
"The little Mermaid loves me"
"छोटी जलपरी मुझसे प्यार करती है"
"But there is nothing better than Wisdom" said the Soul
"लेकिन बुद्धि से बेहतर कुछ भी नहीं है" आत्मा ने कहा।
"Love is better," answered the young Fisherman
"प्यार बेहतर है," युवा मछुआरे ने जवाब दिया।
and he plunged into the deep sea
और वह गहरे समुद्र में डूब गया।
and the Soul went weeping away over the marshes
और आत्मा दलदल के ऊपर से रोती हुई चली गई।

After the Second Year
द्वितीय वर्ष के बाद

it had been two years since he had cast his soul away
दो साल हो चुके थे जब उसने अपनी आत्मा को दूर कर दिया था।
the Soul came back to the shore of the sea
आत्मा समुद्र के किनारे वापस आ गई
and the Soul called to the young Fisherman
और आत्मा ने युवा मछुआरे को बुलाया
the young Fisherman rose back out of the sea
युवा मछुआरा समुद्र से वापस उठ गया।
he asked his soul, "Why dost thou call me?"
उसने अपनी आत्मा से पूछा, "तुम मुझे क्यों बुलाते हो?
And the Soul answered, "Come nearer"
और आत्मा ने उत्तर दिया, "निकट आओ"
"come nearer, so that I may speak with thee"
"निकट आओ, ताकि मैं तुमसे बात कर सकूँ।
"I have seen marvellous things"
"मैंने अद्भुत चीजें देखी हैं"
So the young Fisherman came nearer to his soul
इसलिए युवा मछुआरा उसकी आत्मा के करीब आ गया।
and he couched in the shallow water
और वह उथले पानी में डूब गया।
and he leaned his head upon his hand
और उसने अपना सिर उसके हाथ पर झुका लिया।
and he listened to his Soul
और उसने अपनी आत्मा की बात सुनी।
and his Soul spoke to him
और उसकी आत्मा ने उससे बात की

When I left thee I turned my face to the South
जब मैंने तुम्हें छोड़ दिया तो मैंने अपना चेहरा दक्षिण की ओर मोड़ दिया।

From the South cometh everything that is precious
दक्षिण से वह सब कुछ आता है जो कीमती है।

Six days I journeyed along the dusty paths
छह दिन मैंने धूल भरे रास्तों पर यात्रा की।

and the paths led to the city of Ashter
और रास्ते एश्टर शहर की ओर ले गए।

ways by which the pilgrims are wont to go
जिन तरीकों से तीर्थयात्रियों को जाना है

on the morning of the seventh day I lifted up my eyes
सातवें दिन की सुबह मैंने अपनी आँखें उठा लीं।

and lo! the city of Ashter lay at my feet
और लो! अश्टर शहर मेरे चरणों में पड़ा था।

because the city of Ashter is in a valley
क्योंकि अश्टर शहर एक घाटी में है

There are nine gates around this city
इस शहर के चारों ओर नौ द्वार हैं।

in front of each gate stands a bronze horse
प्रत्येक द्वार के सामने एक कांस्य घोड़ा खड़ा है।

the horses neigh when the Bedouins come from the mountains
जब बेडौइन पहाड़ों से आते हैं तो घोड़े गायब हो जाते हैं।

The walls of the city are cased with copper
शहर की दीवारों को तांबे से सजाया गया है।

the watch-towers on the walls are roofed with brass
दीवारों पर वॉच-टॉवर पीतल से ढके हुए हैं।

In every tower along the wall stands an archer
दीवार के साथ हर टॉवर में एक तीरंदाज खड़ा है।

and each archer has a bow in his hand
और प्रत्येक तीरंदाज के हाथ में एक धनुष होता है।

At sunrise he strikes a gong with an arrow
सूर्योदय के समय वह एक तीर से एक गोंग पर प्रहार करता है।

and at sunset he blows through a horn
और सूर्यास्त के समय वह एक सींग के माध्यम से उड़ता है।

when I sought to enter the guards stopped me
जब मैंने अंदर घुसने की कोशिश की तो गार्ड ने मुझे रोक दिया।

and the guards asked of me who I was
और गार्ड ने मुझसे पूछा कि मैं कौन हूं।

I made answer that I was a Dervish
मैंने जवाब दिया कि मैं दरवेश हूं।

I said I was on my way to the city of Mecca
मैंने कहा कि मैं मक्का शहर जा रहा हूं।

in Mecca there was a green veil
मक्का में एक हरा घूंघट था।

the Koran was embroidered with silver letters on it
कुरान पर चांदी के अक्षरों से कढ़ाई की गई थी।

it was embroidered by the hands of the angels
यह स्वर्गदूतों के हाथों से कढ़ाई की गई थी।

the guards were filled with wonder at what I told them
मैंने जो कुछ उन्हें बताया उस पर गार्ड आश्चर्य से भर गए।

and they entreated me to enter the city
और उन्होंने मुझे नगर में प्रवेश करने के लिए उकसाया।

Inside the city there was a bazaar
शहर के अंदर एक बाजार था।

Surely thou should'st have been with me
निश्चय ही तुझे मेरे साथ नहीं होना चाहिए था।

in the narrow streets the happy paper lanterns flutter
संकरी गलियों में खुशनुमा कागज की लालटेन लहराती है।

they flutter like large butterflies
वे बड़ी तितलियों की तरह फड़फड़ाते हैं।

When the wind blows they rise and fall like bubbles
जब हवा चलती है तो वे बुलबुले की तरह उठते और गिरते हैं।

In front of their booths sit the merchants
उनके बूथ के सामने व्यापारी बैठते हैं।

every merchant sits on their silken carpets
हर व्यापारी अपने रेशमी कालीनों पर बैठता है।

They have long straight black beards

उनके पास लंबी सीधी काली दाढ़ी है।
and their turbans are covered with golden sequins
और उनकी पगड़ी सुनहरे सिक्विन से ढकी हुई है।
they hold strings of amber and carved peach-stones
वे एम्बर और नक्काशीदार आड़ू-पत्थरों के तार पकड़ते हैं।
and they glide them through their cool fingers
और वे उन्हें अपनी शांत उंगलियों के माध्यम से घुमाते हैं।
Some of them sell galbanum and nard
उनमें से कुछ गैल्बनम और नार्ड बेचते हैं।
some sell perfumes from the islands of the Indian Sea
कुछ भारतीय सागर के द्वीपों से इत्र बेचते हैं।
and they sell the thick oil of red roses and myrrh
और वे लाल गुलाब और लोहबान के मोटे तेल बेचते हैं
and they sell little nail-shaped cloves
और वे छोटे नाखून के आकार के लौंग बेचते हैं
When one stops to speak to them they light frankincense
जब कोई उनसे बात करने के लिए रुकता है तो वे लोबान जलाते हैं।
they throw pinches of it upon a charcoal brazier
वे इसे चारकोल ब्रेज़ियर पर फेंकते हैं।
and it makes the air sweet
और यह हवा को मीठा बनाता है
I saw a Syrian who held a thin rod
मैंने एक सीरियाई को देखा जिसने एक पतली छड़ी पकड़ी हुई थी।
grey threads of smoke came from the rod
रॉड से धुएं के भूरे धागे आए।
and its odour was like the odour of the pink almonds
और इसकी गंध गुलाबी बादाम की गंध की तरह थी।
Others sell silver bracelets embossed with turquoise stones
अन्य लोग फ़िरोज़ा पत्थरों से बने चांदी के कंगन बेचते हैं
and anklets of brass wire fringed with little pearls
और पीतल के तार की पायल छोटे मोतियों से घिरी हुई थी।
and tigers' claws set in gold

और बाघों के पंजे सोने में सेट किए गए हैं।
and the claws of that gilt cat
और उस गिल्ट बिल्ली के पंजे

the the claws of leopards, also set in gold
तेंदुओं के पंजे, सोने में भी स्थापित

and earrings of pierced emerald
और छिदे हुए पन्ना की बालियां।

and finger-rings of hollowed jade
और खोखले जेड की उंगली के छल्ले।

From the tea-houses came the sound of the guitar
चाय वाले घरों से गिटार की आवाज आई।

and the opium-smokers were in the tea-houses
और अफीम पीने वाले चाय घरों में थे

their white smiling faces look out at the passers-by
उनके सफेद मुस्कुराते चेहरे राहगीरों को देखते हैं।

thou truly should'st have been with me
तुम्हें सचमुच मेरे साथ होना चाहिए था।

The wine-sellers elbow their way through the crowd
शराब बेचने वाले भीड़ के बीच से अपना रास्ता तय करते हैं।

with great black skins on their shoulders
उनके कंधों पर महान काली खाल के साथ

Most of them sell the wine of Schiraz
उनमें से अधिकांश शिराज़ की शराब बेचते हैं।

the wine of Schiraz is as sweet as honey
शिराज की शराब शहद की तरह मीठी है।

They serve it in little metal cups
वे इसे छोटे धातु के कप में परोसते हैं।

In the market-place stand the fruit sellers
बाजार-स्थान में फल विक्रेता खड़े रहते हैं

the fruit sellers sell all kinds of fruit
फल विक्रेता सभी प्रकार के फल बेचते हैं।

ripe figs, with their bruised purple flesh

पके हुए अंजीर, उनके घायल बैंगनी मांस के साथ
melons, smelling of musk and yellow as topazes
खरबूजा, कस्तूरी की गंध और पुखराज के रूप में पीले रंग
citrons and rose-apples and clusters of white grapes
सिट्रॉन और गुलाब-सेब और सफेद अंगूर के गुच्छे।
round red-gold oranges and oval lemons of green gold
गोल लाल-सोने के संतरे और हरे सोने के अंडाकार नींबू
Once I saw an elephant go by the fruit sellers
एक बार मैंने एक हाथी को फल विक्रेताओं के पास जाते देखा।
Its trunk was painted with vermilion and turmeric
इसके तने को सिंदूर और हल्दी से रंगा गया था।
and over its ears it had a net of crimson silk cord
और इसके कानों पर क्रिमसन सिल्क कॉर्ड का जाल था।
It stopped opposite one of the booths
यह एक बूथ के सामने रुक गया।
and the elephant began eating the oranges
और हाथी ने संतरे खाने शुरू कर दिए
instead of getting angry, the man only laughed
गुस्सा होने के बजाय, आदमी केवल हंसता है।
Thou canst not think how strange a people they are
आप सोच भी नहीं सकते कि वे कितने अजीब लोग हैं।
When they are glad they go to the bird-sellers
जब वे खुश होते हैं तो वे पक्षी-विक्रेताओं के पास जाते हैं।
they go to them to buy a caged bird
वे पिंजरे में बंद पक्षी खरीदने के लिए उनके पास जाते हैं।
and they set the bird free to increase their joy
और उन्होंने अपनी खुशी बढ़ाने के लिए पक्षी को मुक्त कर दिया।
and when they are sad they scourge themselves with thorns
और जब वे दुखी होते हैं तो वे खुद को कांटों से सजाते हैं।
so that their sorrow may not grow less
ताकि उनका दुख कम न बढ़े।

One evening I met some slaves
एक शाम मैं कुछ गुलामों से मिला।
they were carrying a heavy palanquin through the bazaar
वे बाजार के माध्यम से एक भारी पालकी ले जा रहे थे।
It was made of gilded bamboo
यह गिल्ड बांस से बना था।
and the poles were of vermilion lacquer
और डंडे सिंदूरी लाह के थे
it was studded with brass peacocks
यह पीतल के मोरों से जड़ा हुआ था।
Across the windows hung thin curtains
खिड़कियों के पार पतले पर्दे लटक रहे थे।
the curtains were embroidered with beetles' wings
पर्दे को बीटल के पंखों से कढ़ाई की गई थी।
and they were lined with tiny seed-pearls
और वे छोटे बीज-मोती के साथ पंक्तिबद्ध थे।
and as it passed by a pale-faced Circassian smiled at me
और जैसे ही यह पास से गुजरा, एक पीला चेहरा वाला सर्कसियन मुझे देखकर मुस्कुराया।
I followed behind bearers of the palanquin
मैं पालकी के वाहक ों के पीछे चल पड़ा।
and the slaves hurried their steps and scowled
और दासों ने जल्दी से अपने कदम बढ़ाए और पसीना बहाया।
But I did not care if they scowled
लेकिन मुझे परवाह नहीं थी कि वे पसीना बहाते हैं या नहीं।
I felt a great curiosity come over me
मैंने महसूस किया कि मेरे ऊपर एक बड़ी जिज्ञासा आ रही है।
At last they stopped at a square white house
अंत में वे एक चौकोर सफेद घर में रुक गए।
There were no windows to the house
घर में कोई खिड़की नहीं थी।
all the house had was a little door

घर में केवल एक छोटा सा दरवाजा था।
and the door was like the door of a tomb
और दरवाजा एक कब्र के दरवाजे की तरह था।
They set down the palanquin at the house
उन्होंने घर पर पालकी रखी।
and they knocked three times with a copper hammer
और उन्होंने तांबे के हथौड़े से तीन बार दस्तक दी।
An Armenian in a green leather caftan peered through the wicket
हरे रंग के चमड़े के कैटन में एक अर्मेनियाई खिलाड़ी विकेट के माध्यम से देख रहा था।
and when he saw them he opened the door
जब उसने उन्हें देखा तो उसने दरवाजा खोला।
he spread a carpet on the ground and the woman stepped out
उसने जमीन पर एक कालीन बिछाया और महिला बाहर निकल गई।
As she went in she turned round and smiled at me again
जैसे ही वह अंदर गई, वह गोल हो गई और मुझे देखकर फिर से मुस्कुराई।
I had never seen anyone so pale
मैंने कभी किसी को इतना पीला नहीं देखा था।
When the moon rose I returned to the same place
जब चाँद उग आया तो मैं उसी जगह लौट आया।
and I sought for the house, but it was no longer there
और मैंने घर की तलाश की, लेकिन यह अब वहां नहीं था।
When I saw that I knew who the woman was
जब मैंने देखा कि मुझे पता था कि वह महिला कौन थी
and I knew why she had smiled at me
और मुझे पता था कि वह मुझे देखकर क्यों मुस्कुराई थी।
Certainly, thou should'st have been with me
निश्चय ही तुम्हे मेरे साथ होना चाहिए था।

There was a feast of the New Moon
अमावस्या की दावत थी।

the young Emperor came forth from his palace
युवा सम्राट अपने महल से बाहर आया

and he went into the mosque to pray
और वह नमाज पढ़ने के लिए मस्जिद में चला गया।

His hair and beard were dyed with rose-leaves
उनके बाल और दाढ़ी गुलाब-पत्तियों से रंगे हुए थे।

and his cheeks were powdered with a fine gold dust
और उसके गाल एक महीन सोने की धूल से पाउडर थे।

The palms of his feet and hands were yellow with saffron
उनके पैरों और हाथों की हथेलियां केसर से पीले रंग की थीं।

At sunrise he went forth from his palace
सूर्योदय के समय वह अपने महल से बाहर चला गया।

he was dressed in a robe of silver
वह चांदी का वस्त्र पहने हुए था।

and at sunset he returned again
और सूर्यास्त के बाद वह फिर लौट आया।

then he was dressed in a robe of gold
फिर उसे सोने का चोगा पहनाया गया।

The people flung themselves on the ground
लोगों ने खुद को जमीन पर फेंक दिया।

they hid their faces, but I would not do so
उन्होंने अपना चेहरा छिपा लिया, लेकिन मैं ऐसा नहीं करूंगा।

I stood by the stall of a seller of dates and waited
मैं खजूर के एक विक्रेता के स्टॉल के पास खड़ा था और इंतजार कर रहा था।

When the Emperor saw me he raised his painted eyebrows
जब सम्राट ने मुझे देखा तो उसने अपनी चित्रित भौंहें उठा दीं।

and he stopped to observe me
और वह मुझे देखने के लिए रुक गया।

I stood quite still and made him no obeisance
मैं चुपचाप खड़ा रहा और उसे कोई श्रद्धांजलि नहीं दी।

The people marvelled at my boldness

लोग मेरी बोल्डनेस पर चकित थे।

they counselled me to flee from the city

उन्होंने मुझे शहर से भागने की सलाह दी।

but I paid no heed to their warnings

लेकिन मैंने उनकी चेतावनियों पर कोई ध्यान नहीं दिया।

instead, I went and sat with the sellers of strange gods

इसके बजाय, मैं अजीब देवताओं के विक्रेताओं के साथ जाकर बैठ गया।

by reason of their craft they are abominated

अपने शिल्प के कारण वे घृणित हैं।

When I told them what I had done each of them gave me an idol

जब मैंने उन्हें बताया कि मैंने क्या किया है, तो उनमें से प्रत्येक ने मुझे एक मूर्ति दी।

and they prayed me to leave them

और उन्होंने मुझसे प्रार्थना की कि मैं उन्हें छोड़ दूं।

That night I was in the Street of Pomegranates

उस रात मैं अनार की गली में था।

I was in a tea-house and I laid on a cushion

मैं एक चाय घर में था और मैं एक गद्दी पर लेट गया।

the guards of the Emperor entered and led me to the palace

सम्राट के गार्ड ◌ो◌ं ने प्रवेश किया और मुझे महल में ले गए।

As I went in they closed each door behind me

जैसे ही मैं अंदर गया, उन्होंने मेरे पीछे हर दरवाजा बंद कर दिया।

and they put a chain across each door

और उन्होंने प्रत्येक दरवाजे पर एक चेन लगा दी।

Inside the palace there was a great courtyard

महल के अंदर एक बड़ा आंगन था।

The walls of the courtyard were of white alabaster

आंगन की दीवारें सफेद अलाबस्टर की थीं।

the alabaster was decorated with blue and green tiles

अलाबास्टर को नीले और हरे रंग की टाइलों से सजाया गया था।

and the pillars were of green marble
और खंभे हरे संगमरमर के थे
and the pavement was of peach-blossom marble
और फुटपाथ आड़ू-फूल संगमरमर का था।
I had never seen anything like it before
मैंने पहले कभी ऐसा कुछ नहीं देखा था।
As I passed the courtyard two veiled women were on a balcony
जैसे ही मैं आंगन से गुजरा, दो घूंघट वाली महिलाएं एक बालकनी पर थीं।
they looked down from their balcony and cursed me
उन्होंने अपनी बालकनी से नीचे देखा और मुझे कोसा।
The guards hastened on through the courtyard
गार्ड जल्दी से आंगन में चले गए।
the butts of the lances rang upon the polished floor
पॉलिश किए गए फर्श पर लांस के चूतड़ बज रहे थे।
They opened a gate of wrought ivory
उन्होंने गढ़े हुए हाथीदांत का एक द्वार खोला।
I found myself in a watered garden of seven terraces
मैंने खुद को सात छतों के पानी वाले बगीचे में पाया।
The garden was planted with tulip-cups and moon-flowers
बगीचे को ट्यूलिप-कप और चंद्रमा-फूलों के साथ लगाया गया था।
a fountain hung in the dusky air like a slim reed of crystal
सांवली हवा में लटका हुआ एक फव्वारा क्रिस्टल के पतले सरकंडे की तरह
The cypress-trees were like burnt-out torches
सरू के पेड़ जली हुई मशालों की तरह थे।
From one of the trees a nightingale was singing
पेड़ों में से एक से एक नाइटिंगेल गा रहा था
At the end of the garden stood a little pavilion
बगीचे के अंत में एक छोटा मंडप खड़ा था।
while we approached the pavilion two eunuchs came out
जब हम मंडप के पास पहुंचे तो दो किन्नर बाहर आए।
Their fat bodies swayed as they walked
चलते-चलते उनके मोटे शरीर झूमने लगे।

and they glanced curiously at me
और उन्होंने उत्सुकता से मेरी ओर देखा।

One of them drew aside the captain of the guard
उनमें से एक ने गार्ड के कप्तान को किनारे कर दिया।

and in a low voice the eunuch whispered to him
और धीमी आवाज़ में किन्नर ने उसे फुसफुसाकर कहा।

The other kept munching scented pastilles
दूसरा सुगंधित पेस्टिल खाता रहा।

these he took out of an oval box of lilac enamel
इन्हें उन्होंने बकाइन तामचीनी के एक अंडाकार बॉक्स से निकाला।

soon after the captain of the guard dismissed the soldiers
इसके तुरंत बाद गार्ड के कप्तान ने सैनिकों को बर्खास्त कर दिया।

The soldiers went back to the palace
सैनिक महल में वापस चले गए।

the eunuchs followed behind the guards, but slowly
किन्नरों ने पहरेदारों के पीछे-पीछे पीछा किया, लेकिन धीरे-धीरे

and they plucked the sweet mulberries from the trees
और उन्होंने पेड़ों से मीठे शहतूत तोड़ लिए।

at one time the older eunuch turned round
एक समय में बड़ा किन्नर गोल हो गया।

and he smiled at me with an evil smile
और वह एक बुरी मुस्कान के साथ मुझे देखकर मुस्कुराया।

Then the captain of the guards motioned me forwards
फिर गार्ड के कप्तान ने मुझे आगे की ओर बढ़ाया।

I walked to the entrance without trembling
मैं कांपे बिना प्रवेश द्वार की ओर चल पड़ा।

I drew the heavy curtain aside, and entered
मैंने भारी पर्दे को एक तरफ खींच लिया, और प्रवेश किया।

The young Emperor was stretched on a couch
युवा सम्राट एक सोफे पर फैला हुआ था।

the couch was covered in dyed lion skins
सोफे को रंगे हुए शेर की खाल में कवर किया गया था।

and a falcon was perched upon his wrist

और उसकी कलाई पर एक बाज़ बैठा था।
Behind him stood a brass-turbaned Nubian
उसके पीछे एक पीतल की पगड़ी वाला नूबियन खड़ा था।
he was naked down to the waist
वह कमर तक नंगा था।
he had heavy earrings in his split ears
उसके टूटे हुए कानों में भारी बालियां थीं।
On a table by the side lay a mighty scimitar of steel
बगल में एक मेज पर स्टील का एक शक्तिशाली टुकड़ा रखा था।
When the Emperor saw me he frowned
जब सम्राट ने मुझे देखा तो वह भौंहें सिकोड़ गया।
he asked me, "What is thy name?"
उसने मुझसे पूछा, "तुम्हारा नाम क्या है?
"Knowest thou not that I am Emperor of this city?"
"क्या तुम नहीं जानते कि मैं इस नगर का सम्राट हूँ?
But I made him no answer to his question
लेकिन मैंने उसे उसके सवाल का कोई जवाब नहीं दिया।
He pointed with his finger at the scimitar
उसने अपनी उंगली से स्किमिटर की ओर इशारा किया।
the Nubian seized the scimitar, ready to fight
नूबियन ने स्किमिटर को जब्त कर लिया, लड़ने के लिए तैयार
rushing forward he struck at me with great violence
आगे बढ़ते हुए उसने मुझ पर बड़ी हिंसा से हमला किया।
The blade whizzed through me and did me no hurt
ब्लेड ने मुझे घेर लिया और मुझे कोई चोट नहीं आई।
The man fell sprawling on the floor
आदमी फर्श पर गिर गया।
when he rose up his teeth chattered with terror
जब वह उठा तो उसके दांत आतंक से उछल पड़े।
and he hid behind the couch
और वह सोफे के पीछे छिप गया।
The Emperor leapt to his feet

सम्राट उसके पैरों पर कूद गया।

he took a lance from a stand and threw it at me
उसने एक स्टैंड से एक लांस लिया और मुझ पर फेंक दिया।

I caught it in its flight
मैंने इसे अपनी उड़ान में पकड़ लिया।

I broke the shaft into two pieces
मैंने शाफ्ट को दो टुकड़ों में तोड़ दिया।

then he shot at me with an arrow
फिर उसने मुझे तीर से मारा।

but I held up my hands as it came to me
लेकिन जैसे ही यह मेरे पास आया, मैंने अपने हाथ उठा लिए।

and I stopped the arrow in mid-air
और मैंने बीच हवा में तीर रोक दिया।

Then he drew a dagger from a belt of white leather
फिर उसने सफेद चमड़े की बेल्ट से एक खंजर खींचा।

and he stabbed the Nubian in the throat
और उसने नूबियन के गले में छुरा घोंप दिया।

so that the the slave would not tell of his dishonour
ताकि दास अपने अपमान के बारे में न बताए।

The man writhed like a trampled snake
आदमी एक रौंदे हुए सांप की तरह कराह रहा था।

and a red foam bubbled from his lips
और उसके होंठों से एक लाल झाग निकला।

As soon as he was dead the Emperor turned to me
जैसे ही वह मर गया, सम्राट मेरी ओर मुड़ा।

he took out a little napkin of purple silk
उसने बैंगनी रेशम का एक छोटा सा नैपकिन निकाला।

and he had wiped away the bright sweat from his brow
और उसने अपने भौंह से उज्ज्वल पसीने को मिटा दिया था।

he said to me, "Art thou a prophet?"
उसने मुझसे कहा, "क्या तुम एक भविष्यद्वक्ता हो?

"is it that I may not harm thee?"

"क्या मैं तुम्हें नुकसान नहीं पहुँचा सकता?
"or are you the son of a prophet?"
"या तुम एक भविष्यद्वक्ता के पुत्र हो?
"and is it that can I do thee no hurt?"
"और क्या यह है कि मैं तुम्हें कोई चोट नहीं पहुंचा सकता?
"I pray thee leave my city tonight"
"मैं प्रार्थना करता हूं कि आप आज रात मेरे शहर को छोड़ दें।
"while thou art in my city I am no longer its lord"
"जब तक तुम मेरे शहर में हो, मैं उसका स्वामी नहीं हूं।
And this time I answered his question
इस बार मैंने उसके सवाल का जवाब दिया।
"I will leave they city, for half of thy treasure"
"मैं उनके शहर को छोड़ दूँगा, आपके आधे खजाने के लिए।
"Give me half of thy treasure and I will go away"
"मुझे अपना आधा खजाना दे दो और मैं चला जाऊंगा।
"He took me by the hand and led me into the garden"
"उसने मेरा हाथ पकड़ा और मुझे बगीचे में ले गया"
"When the captain of the guard saw me he wondered"
"जब गार्ड के कप्तान ने मुझे देखा तो वह आश्चर्यचकित हो गया"
"When the eunuchs saw me their knees shook"
"जब किन्नरों ने मुझे देखा तो उनके घुटने हिल गए"
"and they fell upon the ground in fear"
"और वे डर के मारे जमीन पर गिर पड़े"

There is a special chamber in the palace
महल में एक विशेष कक्ष है।

the chamber has eight walls of red porphyry
कक्ष में लाल पोर्फिरी की आठ दीवारें हैं।

and it has a brass-scaled ceiling hung with lamps
और इसमें लैंप के साथ लटकाए गए पीतल की छत है।

The Emperor touched one of the walls and it opened
सम्राट ने दीवारों में से एक को छुआ और यह खुल गया।

we passed down a corridor that was lit with many torches
हम एक गलियारे से गुजरे जो कई मशालों से जलाया गया था।

In niches upon each side stood great wine-jars
प्रत्येक तरफ के स्थानों में महान वाइन-जार खड़े थे।

the wine-jars were filled to the brim with silver pieces
वाइन-जार चांदी के टुकड़ों से भरे हुए थे।

soon we reached the centre of the corridor
जल्द ही हम गलियारे के केंद्र में पहुंच गए।

the Emperor spoke the word that may not be spoken
सम्राट ने वह शब्द बोला जो शायद नहीं बोला जा सकता है।

a granite door swung back on a secret spring
एक ग्रेनाइट दरवाजा एक गुप्त झरने पर वापस घूम गया।

and he put his hands before his face
और उसने अपने हाथ उसके चेहरे के सामने रख दिए।

so that he would not be dazzled
ताकि वह चकाचौंध न हो।

Thou would not have believed how marvellous a place it was
आपको विश्वास नहीं हुआ होगा कि यह कितनी अद्भुत जगह थी।

There were huge tortoise-shells full of pearls
मोतियों से भरे विशाल कछुए-गोले थे।

and there were hollowed moonstones of great size
और वहाँ महान आकार के खोखले चंद्रमा के पत्थर थे।

the moonstones were piled up with red rubies
चंद्रमा के पत्थरों को लाल रूबी के साथ ढेर कर दिया गया था।

The gold was stored in coffers of elephant-hide
सोने को हाथी की खाल के खजाने में रखा गया था।

and there was gold-dust in leather bottles
और चमड़े की बोतलों में सोने की धूल थी।

There were more opals and sapphires than I could count
मैं जितना गिन सकता था उससे कहीं अधिक ओपल और नीलम थे।

the many opals were kept in cups of crystal
कई ओपल क्रिस्टल के कप में रखे गए थे।

and the sapphires were kept in cups of jade
और नीलम को जेड के कप में रखा गया था।
Round green emeralds were arranged in order
गोल हरे पन्ना क्रम में व्यवस्थित किए गए थे।
they were laid out upon thin plates of ivory
उन्हें हाथीदांत की पतली प्लेटों पर रखा गया था।
in one corner were silk bags full of turquoise-stones
एक कोने में फ़िरोज़ा-पत्थरों से भरे रेशम के थैले थे।
and others bags were filled with beryls
और अन्य बैग बेरिल से भरे हुए थे।
The ivory horns were heaped with purple amethysts
हाथीदांत के सींगों को बैंगनी एमेथिस्ट के साथ ढेर किया गया था।
and the horns of brass were heaped with chalcedony and sard stones
और पीतल के सींगों को चाल्केडोनी और सार्ड पत्थरों से भर दिया गया था।
The pillars holding the ceiling were made of cedar
छत को पकड़ने वाले खंभे देवदार से बने थे।
they were hung with strings of yellow lynx-stones
उन्हें पीले लिंक्स-पत्थरों के तारों के साथ लटका दिया गया था।
In the flat oval shields there were carbuncles
सपाट अंडाकार ढालों में कार्बुनल्स थे।
they were wine-coloured, and coloured like grass
वे शराब के रंग के थे, और घास की तरह रंगीन थे।
And yet I have told thee but a fraction of what was there
और फिर भी मैंने तुम्हें बताया है कि वहाँ क्या था, उसका एक अंश।

The Emperor took away his hands from his face
सम्राट ने उसके चेहरे से अपने हाथ हटा लिए।
he said to me, "this is my house of treasure"
उसने मुझसे कहा, "यह मेरे खजाने का घर है।
half of what is in this house is thine
इस घर में जो कुछ भी है उसका आधा हिस्सा पतला है
this is as I promised to thee

जैसा कि मैंने तुमसे वादा किया था।
And I will give thee camels and camel drivers
और मैं तुम्हें ऊँट और ऊँट चालक दूँगा।
and the camel drivers shall do thy bidding
और ऊंट चालक तुम्हारी बोली लगाएंगे।
please, take thy share of the treasure
कृपया खजाने का अपना हिस्सा ले लीजिए।
take it to whatever part of the world thou desirest
इसे दुनिया के जिस भी हिस्से में आप चाहते हैं ले जाएं।
But the thing shall be done tonight
लेकिन बात आज रात हो जाएगी।
because, as you know, the sun is my father
क्योंकि, जैसा कि आप जानते हैं, सूरज मेरा पिता है।
he must not see a man in the city that I cannot slay
उसे उस नगर में किसी ऐसे व्यक्ति को नहीं देखना चाहिए जिसे मैं मार न सकूँ।
But I answered him, "The gold that is here is thine"
लेकिन मैंने उसे जवाब दिया, "जो सोना यहाँ है वह पतला है।
"and the silver that is here also is thine"
"और जो चांदी यहाँ है वह भी तेरी है।
"and thine are the precious jewels and opals"
"और तुम अनमोल गहने और ओपल हो"
"As for me, I have no need of these treasures"
"मेरे लिए, मुझे इन खजाने की कोई ज़रूरत नहीं है"
"I shall not take anything from thee"
"मैं तुमसे कुछ नहीं लूँगा"
"but I will take the little ring that thou wearest"
"लेकिन मैं उस छोटी सी अंगूठी को ले जाऊंगा जो तुमने पहनी है।
"it is on the finger of thy hand"
"यह आपके हाथ की उंगली पर है"
when I said this the Emperor frowned
जब मैंने यह कहा तो सम्राट ने भौंहें सिकोड़ीं।

"It is but a ring of lead," he cried
"यह सिर्फ लीड की एक अंगूठी है," वह रोया।
"a simple ring has no value for you"
"एक साधारण अंगूठी का आपके लिए कोई मूल्य नहीं है"
"take thy half of the treasure and go from my city"
"अपना आधा खजाना ले लो और मेरे शहर से चले जाओ।
"Nay" I answered, "it is what I want"
"नहीं" मैंने जवाब दिया, "यह वही है जो मैं चाहता हूं"
"I will take nought but that lead ring"
"मैं उस लीड रिंग के अलावा कुछ नहीं लूंगा"
"for I know what is written within it"
"क्योंकि मैं जानता हूँ कि इसके भीतर क्या लिखा है।
"and I know for what purpose it is"
"और मुझे पता है कि यह किस उद्देश्य के लिए है"
And the Emperor trembled in fear
और सम्राट डर के मारे काँप उठा।
he besought me and said, "Take all the treasure"
उसने मुझे बुलाया और कहा, "सारा खजाना ले लो"
"take all the treasure and go from my city"
"सारा खजाना ले लो और मेरे शहर से चले जाओ"
"The half that is mine shall be thine also"
"जो आधा मेरा है वह तुम्हारा भी होगा।

And I did a strange thing
और मैंने एक अजीब काम किया।
but what I did matters not
लेकिन मैंने जो किया वह मायने नहीं रखता
because there is a cave that is but a day's journey from here
क्योंकि यहां से एक गुफा है जो सिर्फ एक दिन की यात्रा है।
in that cave I have hidden the Ring of Riches
उस गुफा में मैंने धन की अंगूठी छिपा दी है।
in this cave the ring of riches waits for thy coming

इस गुफा में धन की अंगूठी आपके आने का इंतजार करती है।

He who has this Ring is richer than all the kings of the world

जिसके पास यह अंगूठी है वह दुनिया के सभी राजाओं से अधिक अमीर है।

Come and take it, and the world's riches shall be thine

आओ और ले जाओ, और संसार का धन तेरा हो जाएगा।

But the young Fisherman laughed, "love is better than riches"

लेकिन युवा मछुआरा हँसा, "प्यार धन से बेहतर है"

"and the little Mermaid loves me," he added

"और छोटी जलपरी मुझे प्यार करती है," उन्होंने कहा।

"Nay, but there is nothing better than riches," said the Soul

"नहीं, लेकिन धन से बेहतर कुछ भी नहीं है," आत्मा ने कहा।

"Love is better," answered the young Fisherman

"प्यार बेहतर है," युवा मछुआरे ने जवाब दिया।

and he plunged back into the deep waters

और वह वापस गहरे पानी में डूब गया।

and the Soul went weeping away over the marshes

और आत्मा दलदल के ऊपर से रोती हुई चली गई।

After the Third Year
तृतीय वर्ष के बाद

it had been three year since he cast his soul away
तीन साल हो चुके थे जब उन्होंने अपनी आत्मा को दूर कर दिया था।
the Soul came back to the shore of the sea
आत्मा समुद्र के किनारे वापस आ गई
and the Soul called to the young Fisherman
और आत्मा ने युवा मछुआरे को बुलाया
the young Fisherman rose back out of the sea
युवा मछुआरा समुद्र से वापस उठ गया।
he asked his soul, "Why dost thou call me?"
उसने अपनी आत्मा से पूछा, "तुम मुझे क्यों बुलाते हो?
And the Soul answered, "Come nearer"
और आत्मा ने उत्तर दिया, "निकट आओ"
"come nearer, so that I may speak with thee"
"निकट आओ, ताकि मैं तुमसे बात कर सकूँ।
"I have seen marvellous things"
"मैंने अद्भुत चीजें देखी हैं"
So the young Fisherman came nearer to his soul
इसलिए युवा मछुआरा उसकी आत्मा के करीब आ गया।
and he couched in the shallow water
और वह उथले पानी में डूब गया।
and he leaned his head upon his hand
और उसने अपना सिर उसके हाथ पर झुका लिया।
and he listened to his Soul
और उसने अपनी आत्मा की बात सुनी।
and his Soul spoke to him
और उसकी आत्मा ने उससे बात की

In a city that I know of there is an inn
एक शहर में जिसके बारे में मुझे पता है कि एक सराय है

the inn that I speak of stands by a river
जिस सराय के बारे में मैं बात करता हूं वह एक नदी के किनारे खड़ी है
in this inn I sat and drunk with sailors
इस सराय में मैं नाविकों के साथ बैठकर शराब पी रहा था।
sailors who drank two different coloured wines
नाविक जो दो अलग-अलग रंग की वाइन पीते थे
and they ate bread made of barley
और उन्होंने जौ से बनी रोटी खाई।
and I ate salty little fish with them
और मैंने उनके साथ नमकीन छोटी मछली खाई।
little fish that were served in bay leaves with vinegar
छोटी मछली जो सिरका के साथ तेज पत्ते में परोसा जाता था
while we sat and made merry an old man entered
जब हम बैठे और आनंद ले रहे थे, एक बूढ़ा आदमी प्रवेश कर रहा था।
he had a leather carpet with him
उसके पास चमड़े का कालीन था।
and he had a lute that had two horns of amber
और उसके पास एक ल्यूट था जिसमें एम्बर के दो सींग थे।
he laid out the carpet on the floor
उसने फर्श पर कालीन बिछा दिया।
and he struck on the strings of his lute
और उसने अपने ल्यूट के तारों पर प्रहार किया
and a girl ran in and began to dance in front of us
और एक लड़की दौड़कर अंदर आई और हमारे सामने नाचने लगी।
Her face was veiled with a veil of gauze
उसका चेहरा धुंध के घूंघट से ढका हुआ था।
and she was wearing silk, but her feet were naked
और उसने रेशम पहना था, लेकिन उसके पैर नंगे थे।
and her feet moved over the carpet like little white pigeons
और उसके पैर छोटे सफेद कबूतरों की तरह कालीन पर चले गए।
Never have I seen anything so marvellous
मैंने कभी भी इतना अद्भुत कुछ नहीं देखा है।
the city where she dances is but a day's journey from here

वह शहर जहां वह नृत्य करती है, यहां से एक दिन की यात्रा है।
the young Fisherman heard the words of his Soul
युवा मछुआरे ने अपनी आत्मा के शब्दों को सुना।
he remembered that the little Mermaid had no feet
उसे याद आया कि छोटी जलपरी के पैर नहीं थे।
and he remembered she was unable to dance
और उसे याद आया कि वह नृत्य करने में असमर्थ थी।
a great desire came over him to see the girl
लड़की को देखने के लिए उसके अंदर एक बड़ी इच्छा आई।
he said to himself, "It is but a day's journey"
उन्होंने खुद से कहा, "यह सिर्फ एक दिन की यात्रा है।
"and then I can return to my love," he laughed
"और फिर मैं अपने प्यार में लौट सकता हूं," वह हँसे।
he stood up in the shallow water
वह उथले पानी में खड़ा हो गया।
and he strode towards the shore
और वह किनारे की ओर चला गया।
when he had reached the dry shore he laughed again
जब वह सूखे किनारे पर पहुँच गया तो वह फिर से हँसा।
and he held out his arms to his Soul
और उसने अपनी बाहों को अपनी आत्मा के सामने रख दिया।
his Soul gave a great cry of joy
उसकी आत्मा ने खुशी का एक बड़ा रोना दिया।
his Soul ran to meet his body
उसकी आत्मा उसके शरीर से मिलने के लिए दौड़ पड़ी।
and his Soul entered into back him again
और उसकी आत्मा ने उसे फिर से वापस कर दिया।
the young Fisherman became one with his shadow once more
युवा मछुआरा एक बार फिर अपनी छाया के साथ एक हो गया।
the shadow of the body that is the body of the Soul
शरीर की छाया जो आत्मा का शरीर है
And his Soul said to him, "Let us not tarry"

और उसकी आत्मा ने उससे कहा, "हम विलम्ब न करें।
"but let us get going at once"
"लेकिन चलो एक बार में चलते हैं"
"because the Sea-gods are jealous"
"क्योंकि समुद्र-देवता ईर्ष्या करते हैं"
"and they have monsters that do their bidding"
"और उनके पास राक्षस हैं जो उनकी बोली लगाते हैं"
So they made haste to get to the city
इसलिए उन्होंने शहर जाने के लिए जल्दबाजी की।

Sin
पाप

all that night they journeyed beneath the moon
उस पूरी रात वे चाँद के नीचे यात्रा करते रहे।

and all the next day they journeyed beneath the sun
और अगले पूरे दिन वे सूरज के नीचे यात्रा करते रहे।

on the evening of the day they came to a city
दिन की शाम को वे एक शहर में आए

the young Fisherman asked his Soul
युवा मछुआरे ने अपनी आत्मा से पूछा

"Is this the city in which she dances?"
"क्या यह वह शहर है जिसमें वह नृत्य करती है?

And his Soul answered him
और उसकी आत्मा ने उसे जवाब दिया।

"It is not this city, but another"
"यह शहर नहीं है, बल्कि एक और है।

"Nevertheless, let us enter this city"
"फिर भी, चलो इस शहर में प्रवेश करते हैं"

So they entered the city and passed through the streets
इसलिए उन्होंने शहर में प्रवेश किया और सड़कों से गुजरे।

they passed through the street of jewellers
वे ज्वैलर्स की गली से होकर गुजरे।

passing through the street, the young Fisherman saw a silver cup
सड़क से गुजरते हुए, युवा मछुआरे ने एक चांदी का कप देखा।

his Soul said to him, "Take that silver cup"
उसकी आत्मा ने उससे कहा, "उस चांदी के कप को ले लो"

and his Soul told him to hide the silver cup
और उसकी आत्मा ने उसे चांदी का प्याला छिपाने के लिए कहा।

So he took the silver cup and hid it
इसलिए उसने चांदी का प्याला ले लिया और उसे छिपा दिया।

and they went hurriedly out of the city

और वे जल्दी से शहर से बाहर चले गए।
the young Fisherman frowned and flung the cup away
युवा मछुआरे ने भौंहें सिकोड़ीं और कप को दूर फेंक दिया।
"Why did'st thou tell me to take this cup?"
"तुमने मुझे यह कप लेने के लिए क्यों कहा?
"it was an evil thing to do"
"यह करना एक बुरी बात थी"
But his Soul just told him to be at peace
लेकिन उसकी आत्मा ने उसे शांति से रहने के लिए कहा।

on the evening of the second day they came to a city
दूसरे दिन शाम को वे एक नगर में आए।
the young Fisherman asked his Soul
युवा मछुआरे ने अपनी आत्मा से पूछा
"Is this the city in which she dances?"
"क्या यह वह शहर है जिसमें वह नृत्य करती है?
And his Soul answered him
और उसकी आत्मा ने उसे जवाब दिया।
"It is not this city, but another"
"यह शहर नहीं है, बल्कि एक और है।
"Nevertheless, let us enter this city"
"फिर भी, चलो इस शहर में प्रवेश करते हैं"
So they entered in and passed through the streets
इसलिए वे अंदर घुसे और सड़कों से होकर गुजरे।
they passed through the street of sandal sellers
वे सैंडल विक्रेताओं की गली से गुजरे।
passing through the street, the young Fisherman saw a child
सड़क से गुजरते हुए, युवा मछुआरे ने एक बच्चे को देखा।
the child was standing by a jar of water
बच्चा पानी के जार के पास खड़ा था।
his Soul told him to smite the child
उसकी आत्मा ने उसे बच्चे को मारने के लिए कहा

So he smote the child till it wept
इसलिए उसने बच्चे को तब तक रोया जब तक वह रोता नहीं रहा।
after he had done this they went hurriedly out of the city
उसके ऐसा करने के बाद वे जल्दी से शहर से बाहर चले गए।
the young Fisherman grew angry with his soul
युवा मछुआरा अपनी आत्मा से नाराज हो गया।
"Why did'st thou tell me to smite the child?"
"तुमने मुझे बच्चे को मारने के लिए क्यों कहा?
"it was an evil thing to do"
"यह करना एक बुरी बात थी"
But his Soul just told him to be at peace
लेकिन उसकी आत्मा ने उसे शांति से रहने के लिए कहा।

And on the evening of the third day they came to a city
और तीसरे दिन शाम को वे एक नगर में आए।
the young Fisherman asked his Soul
युवा मछुआरे ने अपनी आत्मा से पूछा
"Is this the city in which she dances?"
"क्या यह वह शहर है जिसमें वह नृत्य करती है?
And his Soul answered him
और उसकी आत्मा ने उसे जवाब दिया।
"It may be that it is this city, so let us enter"
"यह हो सकता है कि यह यह शहर है, इसलिए हमें प्रवेश करने दें।
So they entered the city and passed through the streets
इसलिए उन्होंने शहर में प्रवेश किया और सड़कों से गुजरे।
but nowhere could the young Fisherman find the river
लेकिन युवा मछुआरे को कहीं भी नदी नहीं मिली।
and he couldn't find the inn either
और उसे सराय भी नहीं मिली।
And the people of the city looked curiously at him
और नगर के लोग उत्सुकता से उसकी ओर देखने लगे।
and he grew afraid and asked his Soul to leave

और वह डर गया और अपनी आत्मा को छोड़ने के लिए कहा
"she who dances with white feet is not here"
"वह जो सफेद पैरों के साथ नृत्य करती है वह यहां नहीं है"
But his Soul answered "Nay, but let us rest"
लेकिन उसकी आत्मा ने जवाब दिया, "नहीं, लेकिन हमें आराम करने दो।
"because the night is dark"
"क्योंकि रात अंधेरी है"
"and there will be robbers on the way"
"और रास्ते में लुटेरे होंगे"
So he sat himself down in the market-place and rested
इसलिए वह खुद ही बाजार-स्थान में बैठ गया और आराम किया।
after a time a hooded merchant walked past him
कुछ देर बाद एक व्यापारी उसके पास से गुजरा।
he had a cloak of cloth of Tartary
उसके पास टार्टरी के कपड़े का लबादा था।
and he carried a lantern of pierced horn
और उसने छेदे हुए सींग की लालटेन उठाई।
the merchant asked the young Fisherman
व्यापारी ने युवा मछुआरे से पूछा।
"Why dost thou sit in the market-place?"
"तुम बाजार में क्यों बैठते हो?
"the booths are closed and the bales corded"
"बूथ बंद हैं और गांठें बंद हैं"
And the young Fisherman answered him
" और युवा मछुआरे ने उसे जवाब दिया।
"I can find no inn in this city"
"मुझे इस शहर में कोई सराय नहीं मिल रही है"
"I have no kinsman who might give me shelter"
"मेरा कोई रिश्तेदार नहीं है जो मुझे आश्रय दे सके"
"Are we not all kinsmen?" said the merchant
"क्या हम सभी रिश्तेदार नहीं हैं?" व्यापारी ने कहा।
"And did not one God make us?"

"क्या एक ईश्वर ने हमें नहीं बनाया?
"come with me, for I have a guest-chamber"
"मेरे साथ आओ, क्योंकि मेरे पास एक अतिथि-कक्ष है।
So the young Fisherman rose up and followed the merchant
इसलिए युवा मछुआरा उठा और व्यापारी के पीछे-पीछे चलने लगा।
they passed through a garden of pomegranates
वे अनार के एक बगीचे से होकर गुजरे।
and they entered into the house of the merchant
और वे व्यापारी के घर में घुस गए।
the merchant brought him rose-water in a copper dish
व्यापारी उसे तांबे के पकवान में गुलाब-जल लाया।
so that he could wash his hands
ताकि वह अपने हाथ धो सके।
and he brought him ripe melons
और वह उसके लिए पके हुए खरबूजे लाया।
so that he could quench his thirst
ताकि वह अपनी प्यास बुझा सके।
and he gave him a bowl of rice
और उसने उसे एक कटोरी चावल दिया।
in the bowl of rice was roasted lamb
चावल के कटोरे में भुना हुआ भेड़ का बच्चा था।
so that he could satisfy his hunger
ताकि वह अपनी भूख मिटा सके।
the young Fischerman finished his meal
युवा फिशरमैन ने अपना भोजन समाप्त कर लिया।
and he thanked the merchant for all his generousity
और उसने व्यापारी को उसकी सारी उदारता के लिए धन्यवाद दिया।
then the merchant led him to the guest-chamber
तब व्यापारी उसे अतिथि-कक्ष में ले गया।
and the merchant let him sleep in his chamber
और व्यापारी ने उसे अपने कक्ष में सोने दिया।
the young Fisherman gave him thanks again

युवा मछुआरे ने उसे फिर से धन्यवाद दिया।
and he kissed the ring that was on his hand
और उसने उस अंगूठी को चूमा जो उसके हाथ पर थी।
he flung himself down on the carpets of dyed goat's-hair
उसने खुद को रंगे हुए बकरी के बालों के कालीन पर फेंक दिया।
And when pulled the blanket over himself he fell asleep
और जब कंबल को अपने ऊपर खींच लिया तो वह सो गया।

 it was three hours before dawn
सुबह होने से तीन घंटे पहले की बात है।
while it was still night his Soul woke him
जबकि यह अभी भी रात थी, उसकी आत्मा ने उसे जगाया।
his Soul told him to rise
उसकी आत्मा ने उसे उठने के लिए कहा।
"Rise up and go to the room of the merchant"
"उठो और व्यापारी के कमरे में जाओ"
"go to the room in which he sleeps"
"उस कमरे में जाओ जिसमें वह सोता है"
"slay him in his sleep"
"उसे नींद में मार डालो"
"take his gold from him"
"उससे अपना सोना ले लो"
"because we have need of it"
"क्योंकि हमें इसकी आवश्यकता है"
And the young Fisherman rose up
और युवा मछुआरा उठ खड़ा हुआ।
and he crept towards the room of the merchant
और वह व्यापारी के कमरे की ओर बढ़ गया।
there was a curved sword at the feet of the merchant
व्यापारी के चरणों में एक घुमावदार तलवार थी।
and there was a tray by the side of the merchant
और व्यापारी के बगल में एक ट्रे थी।

the tray held nine purses of gold
ट्रे में सोने के नौ पर्स थे।

And he reached out his hand and touched the sword
और उसने अपना हाथ बढ़ाया और तलवार को छुआ।

and when he touched the sword the merchant woke up
और जब उसने तलवार को छुआ तो व्यापारी जाग गया।

he leapt up and seized the sword
वह उछला और तलवार को जब्त कर लिया।

"Dost thou return evil for good?"
"क्या तुम अच्छाई के लिए बुराई लौटाते हो?

"do you pay with the shedding of blood?"
"क्या आप खून बहाने के साथ भुगतान करते हैं?

"in return for the kindness that I have shown thee"
"उस दयालुता के बदले में जो मैंने तुम्हें दिखाई है"

And his Soul said to the young Fisherman, "Strike him"
और उसकी आत्मा ने युवा मछुआरे से कहा, "उसे मार डालो"

and he struck him so that he swooned
और उसने उसे मारा ताकि वह घबरा जाए

he seized the nine purses of gold
उसने सोने के नौ पर्स जब्त कर लिए।

and he fled hastily through the garden of pomegranates
और वह अनार के बगीचे के माध्यम से जल्दबाजी में भाग गया।

and he set his face to the star of morning
और उसने अपना चेहरा सुबह के सितारे पर सेट कर दिया।

they escaped the city without being noticed
वे बिना ध्यान दिए शहर से भाग गए।

the young Fisherman beat his breast
युवा मछुआरे ने अपने स्तन को पीटा

"Why didst thou bid me to slay the merchant?"
"तुमने मुझे व्यापारी को मारने के लिए क्यों कहा?

"why did you make me take his gold?"
"तुमने मुझे अपना सोना क्यों लिया?

"Surely thou art evil"

"निश्चय ही तुम बुरे हो"
But his Soul told him to be at peace
लेकिन उनकी आत्मा ने उन्हें शांति से रहने के लिए कहा।
"No!" cried the young Fisherman
"नहीं!" युवा मछुआरा चिल्लाया।
"I can not be at peace with this"
"मैं इसके साथ शांति से नहीं रह सकता"
"all that thou hast made me do I hate"
"जो कुछ भी तूने मुझे दिया है, वह सब मैं घृणा करता हूँ।
"and what else I hate is you"
"और मैं तुमसे और क्या नफरत करता हूं"
"why have you brought me here to do these things?"
"तुम मुझे ये काम करने के लिए यहाँ क्यों लाए हो?
And his Soul answered him
और उसकी आत्मा ने उसे जवाब दिया।
"When you sent me into the world you gave me no heart"
"जब आपने मुझे दुनिया में भेजा तो आपने मुझे कोई दिल नहीं दिया।
"so I learned to do all these things"
"तो मैंने इन सभी चीजों को करना सीखा"
"and I learned to love these things"
"और मैंने इन चीजों से प्यार करना सीखा"
"What sayest thou?" murmured the young Fisherman
"तुम क्या कहते हो?" युवा मछुआरे ने कहा।
"Thou knowest," answered his Soul
"तुम जानते हो," उसकी आत्मा ने उत्तर दिया।
"Have you forgotten that you gave me no heart?"
"क्या तुम भूल गए हो कि तुमने मुझे कोई दिल नहीं दिया?
"don't trouble yourself for me, but be at peace"
"मेरे लिए खुद को परेशान मत करो, लेकिन शांति से रहो।
"because there is no pain you shouldn't give away"
"क्योंकि कोई दर्द नहीं है जिसे आपको छोड़ना नहीं चाहिए।
"and there is no pleasure that you should not receive"

"और ऐसी कोई खुशी नहीं है जो आपको नहीं मिलनी चाहिए।

when the young Fisherman heard these words he trembled

जब युवा मछुआरे ने इन शब्दों को सुना तो वह कांप गया।

"Nay, but thou art evil"

"नहीं, लेकिन तुम बुरे हो"

"you have made me forget my love"

"तुमने मुझे मेरा प्यार भुला दिया है"

"you have tempted me with temptations"

"तुमने मुझे प्रलोभनों से लुभाया है"

"and you have set my feet in the ways of sin"

"और तूने मेरे पैर पाप के मार्ग में रखे।

And his Soul answered him

और उसकी आत्मा ने उसे जवाब दिया।

"you have not forgotten?"

"क्या तुम भूले नहीं हो?

"you sent me into the world with no heart"

"तुमने मुझे बिना दिल के दुनिया में भेजा"

"Come, let us go to another city"

"आओ, हम दूसरे शहर में चलते हैं"

"let us make merry with the gold we have"

"हमारे पास जो सोना है उससे हम खुश हों"

But the young Fisherman took the nine purses of gold

लेकिन युवा मछुआरे ने सोने के नौ पर्स ले लिए।

he flung the purses of gold into the sand

उसने सोने के पर्स को रेत में फेंक दिया।

and he trampled on the on the purses of gold

और उसने सोने के पर्स को रौंद दिया।

"Nay!" he cried to his Soul

"नहीं!" वह अपनी आत्मा से चिल्लाया।

"I will have nought to do with thee"

"मुझे तुम्हारे साथ कुछ नहीं करना होगा"

"I will not journey with thee anywhere"

"मैं तुम्हारे साथ कहीं भी यात्रा नहीं करूँगा"
"I have sent thee away before"
"मैंने तुम्हें पहले भी भेज दिया है"
"and I will send thee away again"
"और मैं तुम्हें फिर से भेज दूँगा"
"because thou hast brought me no good"
"क्योंकि तू ने मेरा कोई भला नहीं किया है।
And he turned his back to the moon
और उसने चाँद की ओर पीठ फेर ली।
he held the little green knife in his hand
उसने अपने हाथ में छोटे हरे रंग का चाकू पकड़ रखा था।
he strove to cut from his feet the shadow of the body
उसने अपने पैरों से शरीर की छाया को काटने का प्रयास किया।
the shadow of the body, which is the body of the Soul
शरीर की छाया, जो आत्मा का शरीर है
Yet his Soul stirred not from him
फिर भी उसकी आत्मा उससे विचलित नहीं हुई।
and it paid no heed to his command
और उसने उसकी आज्ञा पर कोई ध्यान नहीं दिया।
"The spell the Witch told thee avails no more"
"ने आपको जो मंत्र बताया था, वह अब और काम नहीं आया"
"I may not leave thee anymore"
"मैं तुम्हें अब और नहीं छोड़ सकता"
"and thou can't drive me forth"
"और तुम मुझे आगे नहीं निकाल सकते"
"Once in his life may a man send his Soul away"
"अपने जीवन में एक बार एक आदमी अपनी आत्मा को दूर भेज सकता है।
"but he who receives back his Soul must keep it for ever"
"लेकिन जो अपनी आत्मा को वापस प्राप्त करता है, उसे इसे हमेशा के लिए रखना चाहिए।
"this is his punishment and his reward"
"यह उसकी सजा और उसका इनाम है"

the young Fisherman grew pale at his fate
युवा मछुआरा अपने भाग्य पर पीला पड़ गया।
and he clenched his hands and cried
और उसने अपने हाथ भींच लिए और रोया
"She was a false Witch for not telling me"
"मुझे नहीं बताने के लिए वह एक झूठी थी"
"Nay," answered his Soul, "she was not a false Witch"
"नहीं," उसकी आत्मा ने उत्तर दिया, "वह झूठी नहीं थी"
"but she was true to Him she worships"
"लेकिन वह उसके प्रति सच्ची थी जिसकी वह पूजा करती है।
"and she will be his servant forever"
"और वह हमेशा के लिए उसका दास रहेगा।
the young Fisherman knew he could not get rid of his Soul again
युवा मछुआरे को पता था कि वह फिर से अपनी आत्मा से छुटकारा नहीं पा सकता है।
he knew now that his soul was an evil Soul
वह अब जानता था कि उसकी आत्मा एक बुरी आत्मा थी।
and his Soul would abide with him always
और उसकी आत्मा हमेशा उसके साथ रहेगी।
when he knew this he fell upon the ground and wept
जब उसे यह पता चला तो वह जमीन पर गिर गया और रोने लगा।

The Heart
दिल

when it was day the young Fisherman rose up
जब यह दिन था तो युवा मछुआरा उठ गया।
he told his Soul, "I will bind my hands"
उसने अपनी आत्मा से कहा, "मैं अपने हाथों को बांध ◌ूंगा"
"that way I can not do thy bidding"
"इस तरह मैं तुम्हारी बोली नहीं लगा सकता"
"and I will close my lips"
"और मैं अपने होंठ बंद कर दूँगा"
"that way I can not speak thy words"
"इस तरह मैं तेरे वचन नहीं बोल सकता"
"and I will return to the place where my love lives"
"और मैं उस जगह पर लौटूंगा जहां मेरा प्यार रहता है।
"to the sea will I return"
"मैं समुद्र में वापस आ ऊँगा"
"I will return to where she sung to me"
"मैं वहीं लौटूंगा जहां उसने मेरे लिए गाया था"
"and I will call to her"
"और मैं उसे बुलाऊँगा"
"I will tell her the evil I have done"
"मैं उसे वह बुराई बताऊँगा जो मैंने की है"
"and I will tell her the evil thou hast wrought on me"
"और मैं उसे वह बुराई बताऊँगा जो तू ने मुझ पर थोपी है।
his Soul tempted him, "Who is thy love?"
उसकी आत्मा ने उसे लुभाया, "तुम्हारा प्यार कौन है?
"why should thou return to her?"
"तुम उसके पास क्यों लौट ◌ोगे?
"The world has many fairer than she is"
"दुनिया में उससे ज्यादा गोरे हैं"
"There are the dancing-girls of Samaris"
"समरियों की नाचने वाली लड़कियां हैं"

"they dance the way birds dance"
"वे पक्षियों के नृत्य के तरीके से नृत्य करते हैं"
"and they dance the way beasts dance"
"और वे जानवरों के नृत्य के तरीके से नृत्य करते हैं"
"Their feet are painted with henna"
"उनके पैर मेंहदी से रंगे हुए हैं"
"in their hands they have little copper bells"
"उनके हाथों में तांबे की छोटी घंटियां हैं"
"They laugh while they dance"
"वे हंसते हैं जब वे नृत्य करते हैं"
"their laughter is as clear as the laughter of water"
"उनकी हँसी पानी की हँसी की तरह स्पष्ट है"
"Come with me and I will show them to thee"
"मेरे साथ आओ और मैं उन्हें तुम्हें दिखाऊंगा।
"because why trouble yourself with things of sin?"
"क्योंकि पाप की बातों से खुद को परेशान क्यों करें?
"Is that which is pleasant to eat not made to be eaten?"
"क्या वह जो खाने के लिए सुखद है, खाने के लिए नहीं बनाया गया है?
"Is there poison in that which is sweet to drink?"
"क्या उसमें जहर है जो पीने के लिए मीठा है?
"Trouble not thyself, but come with me to another city"
"अपने आप को परेशान मत करो, लेकिन मेरे साथ दूसरे शहर में आओ।
"There is a little city with a garden of tulip-trees"
"ट्यूलिप-पेड़ों के बगीचे के साथ एक छोटा सा शहर है"
"in its garden there are white peacocks"
"इसके बगीचे में सफेद मोर हैं"
"and there are peacocks that have blue breasts"
"और ऐसे मोर हैं जिनके पास नीले स्तन हैं"
"Their tails are like disks of ivory"
"उनकी पूंछ हाथीदांत की डिस्क की तरह हैं"
"when they spread their tails in the sun"
"जब वे धूप में अपनी पूंछ फैलाते हैं"
"And she who feeds them dances for their pleasure"

"और वह जो उन्हें खिलाती है वह उनकी खुशी के लिए नृत्य करती है।

"and sometimes she dances on her hands"
"और कभी-कभी वह अपने हाथों पर नृत्य करती है"

"and at other times she dances with her feet"
"और अन्य समय में वह अपने पैरों से नृत्य करती है"

"Her eyes are coloured with stibium"
"उसकी आँखें स्टिबियम से रंगीन हैं"

"her nostrils are shaped like the wings of a swallow"
"उसके नथुने निगल के पंखों के आकार के हैं"

"and she laughs while she dances"
"और वह नृत्य करते समय हंसती है"

"and the silver rings on her ankles ring"
"और उसकी एड़ियों की अंगूठी पर चांदी की अंगूठियां"

"Don't trouble thyself any more"
"अब अपने आप को परेशान मत करो"

"come with me to this city"
"मेरे साथ इस शहर में आओ"

But the young Fisherman did not answer his Soul
लेकिन युवा मछुआरे ने अपनी आत्मा का जवाब नहीं दिया।

he closed his lips with the seal of silence
उसने चुप्पी की मुहर के साथ अपने होंठ बंद कर लिए।

and he bound his own hands with a tight cord
और उसने अपने हाथों को एक तंग डोरी से बांध दिया

and he journeyed back to from where he had come
और वह वापस वहीं चला गया जहाँ से वह आया था।

he journeyd back to the little bay
वह छोटी खाड़ी में वापस चला गया।

and he journeyed to where his love had sung for him
और उसने उस जगह की यात्रा की जहाँ उसके प्यार ने उसके लिए गाया था।

His Soul tried to tempt him along the way
उसकी आत्मा ने रास्ते में उसे लुभाने की कोशिश की।

but he made his Soul no answer
लेकिन उसने अपनी आत्मा को कोई जवाब नहीं दिया।
and he did none of his Soul's wickedness
और उसने अपनी आत्मा की दुष्टता में से कुछ भी नहीं किया।
so great was the power of the love that was within him
उसके भीतर जो प्रेम था, उसकी शक्ति कितनी महान थी।
when he reached the shore he loosened the cord
जब वह किनारे पर पहुंचा तो उसने डोरी को ढीला कर दिया।
and he took the seal of silence from his lips
और उसने अपने होंठों से चुप्पी की मुहर ले ली।
he called out to the little Mermaid
उसने छोटी जलपरी को पुकारा।
But she did not answer his call for her
लेकिन उसने उसके लिए उसकी कॉल का जवाब नहीं दिया।
she did not answer, although he called all day
उसने कोई जवाब नहीं दिया, हालांकि उसने पूरे दिन फोन किया।
his Soul mocked the young Fisherman
उसकी आत्मा ने युवा मछुआरे का मजाक उड़ाया।
"you have little joy out of thy love"
"आपके पास अपने प्यार से बहुत कम खुशी है।
"you are pouring water into a broken vessel"
"आप एक टूटे हुए बर्तन में पानी डाल रहे हैं"
"you have given away what you had"
"आपके पास जो था उसे आपने दे दिया है"
"but nothing has been given to you in return"
"लेकिन बदले में आपको कुछ भी नहीं दिया गया है"
"It would be better if you came with me"
"बेहतर होगा कि तुम मेरे साथ चलो"
"because I know where the Valley of Pleasure lies"
"क्योंकि मुझे पता है कि आनंद की घाटी कहाँ है"
But the young Fisherman did not answer his Soul
लेकिन युवा मछुआरे ने अपनी आत्मा का जवाब नहीं दिया।
in a cleft of the rock he built himself a house

चट्टान की एक फांक में उन्होंने खुद के लिए एक घर बनाया।
and he abode there for the space of a year
और वह एक साल के लिए वहां निवास करता है।
every morning he called to the Mermaid
हर सुबह वह जलपरी को बुलाता था।
and every noon he called to her again
और हर दोपहर वह उसे फिर से फोन करता था।
and at night-time he spoke her name
और रात के समय उसने उसका नाम बताया।
but she never rose out of the sea to meet him
लेकिन वह उससे मिलने के लिए समुद्र से बाहर कभी नहीं उठी।
and he could not find her anywhere in the sea
और वह उसे समुद्र में कहीं भी नहीं पा सकता था।
he sought for her in the caves
उसने गुफाओं में उसकी तलाश की।
he sought for her in the green water
उसने उसे हरे पानी में खोजा।
he sought for her in the pools of the tide
उसने ज्वार के कुंड में उसकी तलाश की।
and he sought for her in the wells
और उसने उसे कुओं में ढूंढ़ा।
the wells that are at the bottom of the deep
कुएं जो गहरे के तल पर हैं
his Soul didn't stop tempting him with evil
उसकी आत्मा ने उसे बुराई के साथ लुभाना बंद नहीं किया।
and it whispered terrible things to him
और उसने उसे भयानक बातें बताईं।
but his Soul could not prevail against him
लेकिन उसकी आत्मा उसके खिलाफ जीत नहीं सकती थी।
the power of his love was too great
उसके प्रेम की शक्ति बहुत बड़ी थी।

after the year was over the Soul thought within itself
वर्ष समाप्त होने के बाद आत्मा ने अपने भीतर विचार किया।
"I have tempted my master with evil"
"मैंने अपने स्वामी को बुराई के साथ लुभाया है"
"but his love is stronger than I am"
"लेकिन उसका प्यार मुझसे ज्यादा मजबूत है।
"I will tempt him now with good"
"मैं अब उसे अच्छे के साथ लुभाऊंगा"
"it may be that he will come with me"
"हो सकता है कि वह मेरे साथ आए"
So he spoke to the young Fisherman
इसलिए उसने युवा मछुआरे से बात की।
"I have told thee of the joy of the world"
"मैंने तुम्हें दुनिया की खुशी के बारे में बताया है।
"and thou hast turned a deaf ear to me"
"और तूने मेरी बात अनसुनी कर दी।
"allow me to tell thee of the world's pain"
"मुझे दुनिया के दर्द के बारे में बताने की अनुमति दें"
"and it may be that you will listen"
"और यह हो सकता है कि आप सुनेंगे"
"because pain is the Lord of this world"
"क्योंकि दर्द इस दुनिया का प्रभु है"
"and there is no one who escapes from its net"
"और ऐसा कोई नहीं है जो इसके जाल से बच ता है।
"There be some who lack raiment"
"कुछ ऐसे भी हैं जिनके पास ज्ञान की कमी है"
"and there are others who lack bread"
"और ऐसे अन्य लोग हैं जिनके पास रोटी की कमी है"
"There are widows who sit in purple"
"ऐसी विधवाएं हैं जो बैंगनी रंग में बैठती हैं"
"and there are widows who sit in rags"
"और ऐसी विधवाएं हैं जो रगों में बैठती हैं"

"The beggars go up and down on the roads"
"भिखारी सड़कों पर ऊपर और नीचे जाते हैं"
"and the pockets of the beggars are empty"
"और भिखारियों की जेब खाली है"
"Through the streets of the cities walks famine"
"शहरों की सड़कों के माध्यम से अकाल चलता है"
"and the plague sits at their gates"
"और प्लेग उनके द्वार पर बैठता है"
"Come, let us go forth and mend these things"
"आओ, हम आगे बढ़ें और इन चीजों को सुधारें"
"let us make these things be different"
"आइए हम इन चीजों को अलग बनाएं"
"why should you wait here calling to thy love?"
"आपको अपने प्यार को बुलाने के लिए यहां इंतजार क्यों करना चाहिए?
"she will not come to your call"
"वह आपके बुलावे पर नहीं आएगी"
"And what is love?"
"और प्यार क्या है?
"And why do you value it so highly?"
"और आप इसे इतना महत्व क्यों देते हैं?
But the young Fisherman didn't answer his Soul
लेकिन युवा मछुआरे ने अपनी आत्मा का जवाब नहीं दिया।
so great was the power of his love
उसके प्रेम की शक्ति कितनी महान थी।
And every morning he called to the Mermaid
और हर सुबह वह जलपरी को बुलाता था।
and every noon he called to her again
और हर दोपहर वह उसे फिर से फोन करता था।
and at night-time he spoke her name
और रात के समय उसने उसका नाम बताया।
Yet never did she rise out of the sea to meet him
फिर भी वह उससे मिलने के लिए समुद्र से बाहर नहीं उठी।
nor in any place of the sea could he find her

न ही समुद्र के किसी भी स्थान पर वह उसे ढूंढ सकता था।
though he sought for her in the rivers of the sea
हालांकि उसने समुद्र की नदियों में उसकी तलाश की
and in the valleys that are under the waves
और घाटियों में जो लहरों के नीचे हैं
in the sea that the night makes purple
समुद्र में कि रात बैंगनी हो जाती है
and in the sea that the dawn leaves grey
और समुद्र में कि भोर धूसर हो जाती है

after the second year was over
दूसरा साल खत्म होने के बाद
the Soul spoke to the young Fisherman at night-time
आत्मा ने रात के समय युवा मछुआरे से बात की।
while he sat in the wattled house alone
जबकि वह अकेले घर में बैठा था
"I have tempted thee with evil"
"मैंने तुम्हें बुराई के साथ लुभाया है"
"and I have tempted thee with good"
"और मैंने तुझे भलाई के साथ लुभाया है"
"and thy love is stronger than I am"
"और तुम्हारा प्यार मुझसे ज्यादा मजबूत है।
"I will tempt thee no longer"
"मैं तुम्हें अब और नहीं लुभाऊँगा"
"but please, allow me to enter thy heart"
"लेकिन कृपया, मुझे अपने दिल में प्रवेश करने की अनुमति दें।
"so that I may be one with thee, as before"
"ताकि मैं तुम्हारे साथ पहले की तरह एक हो सकूँ।
"thou mayest enter," said the young Fisherman
"तुम प्रवेश कर सकते हो," युवा मछुआरे ने कहा।
"because when you had no heart you must have suffered"
"क्योंकि जब आपके पास कोई दिल नहीं था तो आपको भुगतना पड़ा होगा।

"Alas!" cried his Soul
"काश!" उसकी आत्मा चिल्लाई।

"I can find no place of entrance"
"मुझे प्रवेश की कोई जगह नहीं मिल रही है"

"so compassed about with love is this heart of thine"
"प्यार के साथ इतना जुड़ा हुआ है यह दिल तुम्हारा दिल"

"I wish that I could help thee," said the young Fisherman
"काश मैं तुम्हारी मदद कर सकता," युवा मछुआरे ने कहा।

while he spoke there came a great cry of mourning from the sea
जब वह बोल रहा था तो समुद्र से शोक की एक बड़ी चीख आई।

the cry that men hear when one of the Sea-folk is dead
वह रोना जो मनुष्य तब सुनते हैं जब समुद्र-लोक में से एक मर जाता है

the young Fisherman leapt up and left his house
युवा मछुआरा उछला और अपने घर से निकल गया।

and he ran down to the shore
और वह नीचे किनारे की ओर भागा।

the black waves came hurrying to the shore
काली लहरें तेजी से किनारे पर आईं।

the waves carried a burden that was whiter than silver
लहरों ने एक बोझ उठाया जो चांदी की तुलना में सफेद था।

it was as white as the surf
यह सर्फ की तरह सफेद था।

and it tossed on the waves like a flower
और यह एक फूल की तरह लहरों पर फेंक दिया

And the surf took it from the waves
और सर्फ ने इसे लहरों से ले लिया।

and the foam took it from the surf
और फोम ने इसे सर्फ से ले लिया।

and the shore received it
और तट ने इसे प्राप्त किया।

lying at his feet was the body of the little Mermaid
उसके चरणों में लेटा हुआ नन्ही जलपरी का शरीर था।

She was lying dead at his feet
वह उसके चरणों में मृत पड़ी थी।
he flung himself beside her, and wept
उसने खुद को उसके बगल में फेंक दिया, और रोया।
he kissed the cold red of her mouth
उसने उसके मुंह के ठंडे लाल को चूमा।
and he stroked the wet amber of her hair
और उसने उसके बालों के गीले एम्बर को झटका दिया।
he wept like someone trembling with joy
वह ऐसे रोया जैसे कोई खुशी से कांप रहा हो।
in his brown arms he held her to his breast
अपनी भूरी बाहों में उसने उसे अपने स्तन से पकड़ लिया।
Cold were the lips, yet he kissed them
होंठ ठंडे थे, फिर भी उसने उन्हें चूमा।
salty was the honey of her hair
नमकीन उसके बालों का शहद था।
yet he tasted it with a bitter joy
फिर भी उसने एक कड़वी खुशी के साथ इसका स्वाद चखा।
He kissed her closed eyelids
उसने उसकी बंद पलकों को चूमा।
the wild spray that lay upon her was less salty than his tears
उस पर पड़ा जंगली स्प्रे उसके आंसुओं की तुलना में कम नमकीन था।
to the dead little mermaid he made a confession
मृत छोटी जलपरी के सामने उसने एक स्वीकारोक्ति की।
Into the shells of her ears he poured the harsh wine of his tale
उसके कानों के गोले में उसने अपनी कहानी की कठोर शराब डाली।
He put the little hands round his neck
उसने छोटे हाथों को अपनी गर्दन के चारों ओर रखा।
and with his fingers he touched the thin reed of her throat
और अपनी उँगलियों से उसने उसके गले के पतले सरकंडे को छुआ।
his joy was bitter and deep
उसकी खुशी कड़वी और गहरी थी।

and his pain was full of a strange gladness
और उसका दर्द एक अजीब खुशी से भरा था।

The black sea came nearer
काला सागर निकट आ गया।

and the white foam moaned like a leper
और सफेद झाग कोढ़ी की तरह कराह रहा था।

the sea grabbed at the shore with its white claws of foam
समुद्र ने झाग के अपने सफेद पंजे के साथ किनारे पर कब्जा कर लिया।

From the palace of the Sea-King came the cry of mourning again
सी-किंग के महल से फिर से शोक का रोना आया।

far out upon the sea the great Tritons could be heard
समुद्र में दूर-दूर तक महान ट्राइटन को सुना जा सकता था।

they blew hoarsely upon their horns
उन्होंने अपने सींगों पर कर्कश स्वर उड़ाया।

"Flee away," said his Soul
"भाग जाओ," उसकी आत्मा ने कहा।

"if the sea comes nearer it will slay thee"
"यदि समुद्र निकट आ जाए तो वह तुम्हें मार डालेगा।

"please, let us leave, for I am afraid"
"कृपया, हमें जाने दें, क्योंकि मुझे डर है।

"because thy heart is closed against me"
"क्योंकि तुम्हारा दिल मेरे खिलाफ बंद है।

"out of the greatness of thy love I beg you
"तुम्हारे प्रेम की महानता के कारण मैं तुमसे विनती करता हूँ।

"flee away to a place of safety"
"सुरक्षित स्थान पर भाग जाओ"

"Surely you would not do this to me again?"
"निश्चित रूप से तुम मेरे साथ फिर से ऐसा नहीं करोगे?

"do not send me into another world without a heart"
"मुझे दिल के बिना दूसरी दुनिया में मत भेजना।

the young Fisherman did not listen to his Soul
युवा मछुआरे ने अपनी आत्मा की बात नहीं सुनी।

but he spole to the little Mermaid
लेकिन वह छोटी जलपरी के सामने झुक गया।
and he said, "Love is better than wisdom"
और उसने कहा, "प्यार ज्ञान से बेहतर है।
"love is more precious than riches"
"प्यार धन से अधिक कीमती है।
"love fairer than the feet of the daughters of men"
"पुरुषों की बेटियों के पैरों से भी ज्यादा गोरा प्यार करो"
"The fires of the world cannot destroy love"
"दुनिया की आग प्यार को नष्ट नहीं कर सकती है।
"the waters of the sea cannot quench love"
"समुद्र का पानी प्यार नहीं बुझा सकता"
"I called on thee at dawn"
"मैंने सुबह तुम्हें बुलाया"
"and thou didst not come to my call"
"और तू मेरे बुलावे पर नहीं आया।
"The moon heard thy name"
"चाँद ने तुम्हारा नाम सुना"
"but the moon didn't answer me"
"लेकिन चंद्रमा ने मुझे जवाब नहीं दिया"
"I left thee in order to do evil"
"मैंने तुम्हें बुराई करने के लिए छोड़ दिया"
"and I have suffered for what I've done"
"और मैंने जो किया है उसके लिए मुझे भुगतना पड़ा है"
"but my love for you has never left me"
"लेकिन तुम्हारे लिए मेरे प्यार ने मुझे कभी नहीं छोड़ा ।
"and my love was always strong"
"और मेरा प्यार हमेशा मजबूत था।
"nothing prevailed against my love"
"मेरे प्यार के खिलाफ कुछ भी प्रबल नहीं हुआ"
"though I have looked upon evil"
"हालांकि मैंने बुराई को देखा है"
"and I have looked upon good"

"और मैंने अच्छाई को देखा है"
"now that thou are dead, I will also die with thee"
"अब जब तुम मर चुके हो, तो मैं भी तुम्हारे साथ मर जाऊंगा।
his Soul begged him to depart
उसकी आत्मा ने उसे जाने के लिए विनती की।
but he would not leave, so great was his love
लेकिन वह नहीं छोड़ेगा, उसका प्यार इतना महान था।
the sea came nearer to the shore
समुद्र तट के निकट आ गया।
and the sea sought to cover him with its waves
और समुद्र ने उसे अपनी लहरों से ढकने की कोशिश की।
the young Fisherman knew that the end was at hand
युवा मछुआरे को पता था कि अंत हाथ में था।
he kissed the cold lips of the Mermaid
उसने जलपरी के ठंडे होंठों को चूमा।
and the heart that was within him broke
और जो दिल उसके भीतर था वह टूट गया।
from the fullness of his love his heart did break
उसके प्यार की परिपूर्णता से उसका दिल टूट गया।
the Soul found an entrance, and entered his heart
आत्मा को एक प्रवेश द्वार मिला, और उसके दिल में प्रवेश किया।
his Soul was one with him, just like before
उसकी आत्मा उसके साथ एक थी, ठीक पहले की तरह।
And the sea covered the young Fisherman with its waves
और समुद्र ने युवा मछुआरे को अपनी लहरों से ढक दिया।

Blessings
आशीर्वाद का

in the morning the Priest went forth to bless the sea
सुबह पुजारी समुद्र को आशीर्वाद देने के लिए आगे बढ़ा।
because the Priest had been troubled that night
क्योंकि पुजारी उस रात परेशान था।
the monks and the musicians went with him
भिक्षु और संगीतकार उनके साथ चले गए।
and the candle-bearers came with the Priest too
और मोमबत्ती चलाने वाले भी पुजारी के साथ आए।
and the swingers of censers came with the Priest
और पुजारी के साथ सेन्सरों के पार्टनर आए।
and a great company of people followed him
और लोगों की एक बड़ी कंपनी ने उसका पीछा किया।
when the Priest reached the shore he saw the young Fisherman
जब पुजारी तट पर पहुंचा तो उसने युवा मछुआरे को देखा।
he was lying drowned in the surf
वह सर्फ में डूबा पड़ा था।
clasped in his arms was the body of the little Mermaid
उसकी बाहों में छोटी जलपरी का शरीर था।
And the Priest drew back frowning
और याजक ने भौंहें सिकोड़ते हुए पीछे हट गया।
he made the sign of the cross and exclaimed aloud:
उसने क्रूस का चिन्ह बनाया और जोर से कहा:
"I will not bless the sea, nor anything that is in it"
"मैं समुद्र को आशीर्वाद नहीं दूँगा, न ही कुछ भी जो इसमें है।
"Accursed be the Sea-folk and those who traffic with them"
"समुद्री-लोक और उनके साथ यातायात करने वालों को शापित किया जाए"
"And as for the young Fisherman;"
"और युवा मछुआरे के लिए;
"he forsook God for the sake of love"

"उसने प्रेम के लिए परमेश्वर को त्याग दिया"
"and now he lays here with his lover"
"और अब वह अपने प्रेमी के साथ यहाँ रहता है"
"he was slain by God's judgement"
"वह परमेश्वर के न्याय से मारा गया था"
"take up his body and the body of his lover"
"उसके शरीर और उसके प्रेमी के शरीर को उठा लो"
"bury them in the corner of the Field"
"उन्हें मैदान के कोने में दफन करें"
"let no mark of why they were be set above them"
"इस बात का कोई निशान न दें कि उन्हें उनसे ऊपर क्यों रखा गया था"
"don't give them any sign of any kind"
"उन्हें किसी भी तरह का कोई संकेत न दें"
"none shall know the place of their resting"
"कोई भी उनके विश्राम की जगह नहीं जान पाएगा"
"because they were accursed in their lives"
"क्योंकि वे अपने जीवन में शापित थे"
"and they shall be accursed in their deaths"
"और वे अपनी मृत्यु में शापित होंगे"
And the people did as he commanded them
और लोगों ने वैसा ही किया जैसा उसने उन्हें आदेश दिया था।
in the corner of the field where no sweet herbs grew
खेत के कोने में जहां कोई मीठी जड़ी बूटी नहीं उगती है
they dug a deep pit for their graves
उन्होंने अपनी कब्रों के लिए एक गहरा गड्ढा खोदा।
and they laid the dead things within the pit
और उन्होंने मरी हुई चीजों को गड्ढे के भीतर रख दिया।

when the third year was over
जब तीसरा साल खत्म हो गया

on a day that was a holy day
एक दिन जो एक पवित्र दिन था

the Priest went up to the chapel
पुजारी चैपल में गया।

he went to show the people the wounds of the Lord
वह लोगों को प्रभु के घाव दिखाने गया

and he spoke to them about the wrath of God
और उसने परमेश्वर के क्रोध के विषय में उनसे बात की।

he bowed himself before the altar
उसने खुद को वेदी के सामने झुका लिया।

he saw the altar was covered with strange flowers
उसने देखा कि वेदी अजीब फूलों से ढकी हुई थी।

flowers that he had never seen before
ऐसे फूल जो उसने पहले कभी नहीं देखे थे।

they were strange to look at
वे देखने में अजीब थे।

but they had an interesting kind beauty
लेकिन उनके पास एक दिलचस्प तरह की सुंदरता थी।

their beauty troubled him in a strange way
उनकी सुंदरता ने उन्हें एक अजीब तरीके से परेशान किया।

their odour was sweet in his nostrils
उनकी गंध उसके नथुनों में मीठी थी।

he felt glad, but he did not understand why
वह खुश था, लेकिन उसे समझ में नहीं आया कि क्यों।

he began to speak to the people
उन्होंने लोगों से बात करना शुरू कर दिया।

he wanted to speak to them about the wrath of God
वह उनसे परमेश्वर के क्रोध के बारे में बात करना चाहता था।

but the beauty of the white flowers troubled him
लेकिन सफेद फूलों की सुंदरता ने उसे परेशान कर दिया।

and their odour was sweet in his nostrils
और उनकी गंध उसके नथुनों में मीठी थी।
and another word came onto his lip
और एक और शब्द उसके होंठ पर आया।
he did not speak about the wrath of God
उसने परमेश्वर के क्रोध के बारे में बात नहीं की।
but he spoke of the God whose name is Love
लेकिन उसने उस परमेश्वर के बारे में बात की जिसका नाम प्रेम है।
he did not know why he spoke of this
उसे नहीं पता था कि उसने इस बारे में क्यों बात की।
when he had finished the people wept
जब वह समाप्त हो गया तो लोग रोने लगे।
the Priest went back to the sacristy
याजक वापस सैक्रिस्टी में चला गया।
and his eyes too were full of tears
उसकी आँखें भी आँसुओं से भरी हुई थीं।
the deacons came in and began to unrobe him
देवता अंदर आए और उसे निर्वस्त्र करना शुरू कर दिया।
And he stood as if he was in a dream
और वह ऐसे खड़ा था जैसे वह किसी सपने में हो।
"What are the flowers that stand on the altar?"
"वेदी पर खड़े फूल क्या हैं?
"where did they come from?"
"वे कहाँ से आए हैं?
And they answered him
और उन्होंने उसे जवाब दिया।
"What flowers they are we cannot tell"
"वे कौन से फूल हैं हम नहीं बता सकते"
"but they come from the corner of the field"
"लेकिन वे मैदान के कोने से आते हैं"
the Priest trembled at what he heard
पुजारी ने जो सुना उससे वह कांप उठा।
and he returned to his house and prayed

और वह अपने घर लौट आया और प्रार्थना करने लगा।

in the morning, while it was still dawn
सुबह में, जबकि यह अभी भी भोर थी।
the priest went forth with the monks
पुजारी भिक्षुओं के साथ आगे बढ़ गया।
he went forth with the musicians
वह संगीतकारों के साथ आगे बढ़ गया।
the candle-bearers and the swingers of censers
मोमबत्ती के वाहक और सेन्सर के पार्टनर बदलने वाले
and he had a great company of people
और उसके पास लोगों की एक महान कंपनी थी।
and he came to the shore of the sea
और वह समुद्र के किनारे आ गया।
he showed them how he blessed the sea
उसने उन्हें दिखाया कि कैसे उसने समुद्र को आशीर्वाद दिया।
and he blessed all the wild things that are in it
और उसने उन सभी जंगली चीजों को आशीर्वाद दिया जो इसमें हैं।
he also blessed the fauns
उन्होंने फाउन्स को आशीर्वाद भी दिया।
and he blessed the little things that dance in the woodland
और उसने वुडलैंड में नृत्य करने वाली छोटी चीजों को आशीर्वाद दिया।
and he blessed the bright-eyed things that peer through the leaves
और उसने चमकीली आंखों वाली चीजों को आशीर्वाद दिया जो पत्तियों के माध्यम से झांकती हैं।
he blessed all the things in God's world
उसने परमेश्वर की दुनिया की सभी चीज़ों को आशीष दी।
and the people were filled with joy and wonder
और लोग खुशी और आश्चर्य से भर गए
but flowers never grew again in the corner of the field
लेकिन मैदान के कोने में फिर कभी फूल नहीं उगते थे।

and the Sea-folk never came into the bay again
और सागर-लोक फिर कभी खाड़ी में नहीं आए।
because they had gone to another part of the sea
क्योंकि वे समुद्र के दूसरे हिस्से में चले गए थे।

The End
समाप्त

www.tranzlaty.com

www.ingramcontent.com/pod-product-compliance
Lightning Source LLC
Chambersburg PA
CBHW012005090526
44590CB00026B/3884

9781835660447